KB232332

세상은
왜 돈을 따라
움직일까?

질문하는 사회_경제

세상은 왜 돈을 따라 움직일까?

초판 인쇄	2026년 02월 20일
초판 발행	2026년 02월 25일
저자	승지홍
발행인	이진곤
발행처	블랙홀
출판등록	제 25100-2015-000077호(2015년 10월 26일)
주소	경기도 파주시 문발로 405 제2출판단지 활자마을
전화	02-338-0092
팩스	02-338-0097
홈페이지	www.seentalk.co.kr
E-mail	seentalk@naver.com
ISBN	979-11-88974-82-5 44300
	979-11-88974-78-8 (세트)

세상은 왜 돈을 따라 움직일까?

승지홍 지음

블랙홀

세상을 내 편으로 만들어주는
특별한 경제 수업

십대는 세상에 대한 호기심이 가장 왕성할 때지만, 동시에 입시라는 무거운 짐을 지고 있는 시기이기도 합니다. 당장 풀어야 할 문제집과 들어야 할 인터넷 강의도 산더미인데, 뉴스에 나오는 복잡한 경제 용어까지 신경 쓸 겨를이 없다는 것, 교사로서 누구보다 잘 알고 있습니다.

하지만 우리가 잠을 자고 쉬는 순간에도 경제는 멈추지 않고 돌아갑니다. 좋아하는 웹툰을 보기 위해 결제 버튼을 누르는 순간, 유튜브 영상을 보며 5초짜리 광고를 참아내는 시간, 게임 아이템 구입을 고민하는 그 찰나까지 경제와 무관한 것은 단 하나도 없으니까요. 이렇게 보면 경제는 우리가 살아가는 방식 그 자체입니다. 결국 경제를 모르면 세상이 어떻게, 왜 그렇게 움직이는지 이해할 수 없게 됩니다.

저는 여러분이 경제를 딱딱한 이론 공부나, 돈을 벌기 위한 수단으로만 생각하지 않기를 바랍니다. 지식을 머릿속에 채우기보다는, 세

상을 향해 끊임없이 물음표를 던지고 스스로 답을 찾아가는 '생각하는 힘'을 길러주고 싶은 마음을 이 책에 담았습니다.

'질문하는 사회' 시리즈의 경제편, 『세상은 왜 돈을 따라 움직일까?』는 바로 그 "왜?"라는 질문 하나에서 출발합니다.

1장에서는 경제의 기본 원리를 살펴봅니다. 왜 우리는 늘 선택해야 하고 무언가를 포기해야 하는지 알아보며 경제가 우리 일상에 얼마나 깊이 들어와 있는지 확인합니다. 2장은 소비와 욕망에 관한 이야기입니다. 나는 왜 필요하지도 않은 물건을 사고 싶어지는지, 광고와 유행 뒤에 숨은 심리를 들여다보고, 내 지갑의 진짜 주인이 되는 법을 찾습니다. 3장과 4장에서는 시야를 넓혀 '정부와 세계'를 바라봅니다. 세금은 왜 내야 하는지, 환율이 바뀌면 왜 내 여행 경비가 달라지는지, 데이터가 국경을 넘어 어떻게 거래되는지 그 흐름을 추적해봅니다. 마지막 5장에서는 '미래와 생존'을 다룹니다. 주식과 코인, 창업, 그리고

AI 시대에 살아남을 직업까지, 빠르게 변하는 세상 속에서 여러분에게 꼭 필요한 경제 감각을 이야기합니다.

또한, 각 장마다 애덤 스미스부터 케인스까지 시대를 대표하는 경제학자들을 만나는 시간을 준비해보았습니다. 그들의 눈으로 오늘을 바라보세요. 시대를 뛰어넘는 지혜가 복잡한 현재의 문제를 이해하는 데 도움을 주고, 여러분의 생각을 한 뼘 더 넓혀줄 것입니다.

이 책의 핵심은 '질문'과 '연결'입니다. 교과서에서 배운 중요한 개념들이 시험지 속에만 머물지 않도록, 지금 뉴스에서 다루는 이슈와 여러분의 실제 삶을 생생하게 연결했습니다.

복잡한 숫자와 씨름하거나 계산을 잘한다고 해서 경제를 잘 아는 것은 아닙니다. 진짜 경제를 안다는 것은, 쏟아지는 정보의 홍수 속에서 무엇이 진짜인지 가려내고, 남들이 만든 흐름에 휩쓸리지 않으며 나만의 길을 걷는 '주체적인 삶'을 사는 것입니다.

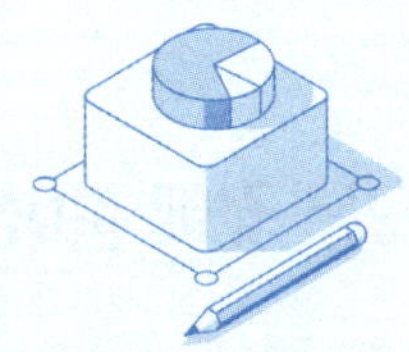

이 책이 여러분에게 경제라는 거대한 숲을 안내하는 가장 친절하고 든든한 지도가 되기를 바랍니다. 이제, 세상을 바라보는 여러분의 질문이 한 단계 깊어질 차례입니다.

"세상은 왜 돈을 따라 움직일까요?"

올바른 내일을 함께 꿈꾸는 승지홍

차례

머리말 4

1장 경제는 왜 모든 것에 숨어 있을까?

2장 똑똑한 소비는 어떻게 세상을 바꿀까?

5장 경제를 잘 아는 사람은 무엇이 다를까?

경제는 왜 모든 것에 숨어 있을까?

01

경제란 무엇일까?

여러분은 '경제'라는 말을 들으면 어떤 생각이 떠오르나요? 경제를 단순히 돈 버는 일이라고 생각하거나 어른들에게만 중요한 일이라고 여기는 친구들도 있겠지요. 그럼 여기서 질문 하나 던져볼게요. 여러분은 오늘 무엇을 했나요? 준비물을 사러 문구점에 들른 친구도 있을 것이고, 친구와 떡볶이를 사 먹거나 지하철을 탄 친구도 있을 거예요. 사실 이러한 것들이 모두 경제 활동입니다. 경제는 우리가 살아가면서 필요한 물건과 서비스를 만들고 나누어 쓰는 것을 말해요. 우리가 입는 옷, 쓰는 전기는 물론이고 편안하게 잠을 자는 집까지, 세상에 그냥 뚝 떨어지는 건 없잖아요? 누군가 만들고 옮겨온 덕분에 우리가 누리는 것이죠. 그래서 우리는 아침에 눈을 떠서 잠들 때까지, 잠시도 경제라는 울타리를 떠나지 않고 살아가고 있는 셈이에요.

　우리는 배가 고프면 밥을 먹고, 추우면 옷을 입고, 머리가 길면 미용실에 가요. 몸이 아프면 병원에 가고, 모르는 게 있으면 공부를 하죠. 이렇게 우리는 모자라고 필요한 부분을 경제 활동으로 채우고 있어요.

　좀 더 쉽게 말해볼게요. 어떤 사람이 배고프다는 건 음식이 필요하다는 뜻이에요. 이 필요를 충족시키려면 누군가는 음식을 만들고, 누군가는 팔고, 누군가는 사야 해요. 이 모든 활동이 경제 활동인 거예요.

　경제학에서는 경제 활동을 크게 생산, 분배, 소비, 세 가지로 나누어요.

　먼저, 생산은 사람들이 살아가는 데 필요한 재화나 서비스를 만들어내는 일을 말해요. 재화는 형태가 있어서 만질 수 있는 물건이에요. 휴대폰, 볼펜, 책처럼 눈에 보이고 손에 잡히는 것이죠. 반면에 서비스는 눈에 보이지 않는 가치를 제공하는 활동이에요. 예를 들어, 의사가 환자를 치료하거나, 선생님이 학생을 가르치거나, 소방관이 불을 끄는 일이 바로 서비스예요. 우리가 이런 서비스에 돈을 기꺼이 지불하는 이유는, 재화와 마찬가지로 우리에게 필요한 일이기 때문이에요. 눈에 보이지 않고 만질 수 없어도, 이런 서비스를 제공하는 사람들의 노동력과 전문성은 돈과 교환할 가치가 있는 것이지요.

다음은 분배예요. 분배는 생산 활동에 필요한 토지, 노동, 자본과 같은 생산 요소를 제공한 사람들이 생산된 가치에서 각자의 기여에 따라 몫을 얻는 활동을 말해요. 쌀을 생산하는 과정을 예로 들면, 먼저 땅을 제공한 사람은 그 대가로 지대(임대료)를 받고, 씨앗을 사는 데 필요한 돈을 빌려준 은행은 이자를 받아요. 은행이 빌려주는 자금은 대부분 다른 사람의 예금에서 나오기 때문에 예금한 사람들 역시 이자를 얻게 되죠. 그리고 노동을 제공한 농부는 임금을 받거나 수확한 쌀의 일부를 보상으로 받을 수 있어요. 우리가 일상에서 가장 자주 접하는 분배의 형태는 급여예요. 회사에서 일한 사람들은 자신의 노동이 기업의 생산 활동에 기여한 만큼 임금을 받게 되는 것이죠.

마지막으로 소비는 생산된 재화나 서비스를 돈을 내고 사용하는 활동이에요. 마트에서 물건을 사거나 병원에서 진료를 받고 진료비를 내는 것 모두 소비에 해당해요.

이제 정리해볼게요. 사람들은 무언가를 만들고(생산), 그 과정에 기여한 만큼 보상을 받고(분배), 받은 돈으로 필요한 것을 구매해요(소비). 이 세 가지가 모여 경제 활동을 이루는 거예요. 생산자가 재화와 서비스를 제공하면 누군가 이를 소비하고, 소비를 하려면 분배를 통해 얻은 소득이 필요해요. 이렇게 경제 활동은 우리 일상에 숨 쉬듯 맞물려 있어요.

'경제'를 뜻하는 영어 단어 economy는 그리스어 oikos와 nomos 에서 유래했어요. oikos는 '가정', nomos는 '관리'를 뜻해요. 즉, 경 제는 '집안 살림을 꾸리는 방법'에서 시작된 개념이에요. 사실 가정 에서도 경제 문제는 늘 일어나요. 오늘 저녁은 뭘 먹을지, 청소는 누가 할지, 용돈은 어디에 쓸지 같은 문제들이죠. 이럴 때 우리는 가족 구성원의 시간과 노력, 수입을 고려해서 선택을 해요. 누군가 가 요리를 하면 다른 누군가는 설거지를 맡아야 하고, 다 같이 원 하는 음식을 먹기 위해 재료를 구해야 해요.

이처럼 집안에서 역할을 나누고, 제한된 시간과 돈을 어디에 쓸 지 정하는 과정이 가정에서 이루어지는 경제 활동이에요.

사회도 마찬가지예요. 어떤 사람은 식당을 운영하고, 어떤 사람 은 옷을 만들고, 어떤 사람은 앱을 개발해요. 사람들은 각자 다른 일을 하면서 재화나 서비스를 만들어내요. 그리고 이렇게 만들어 진 것들을 누구에게, 어떻게 나눌지 정해야 해요. 그래서 사회 전체 가 마치 하나의 큰 '가정'처럼 자원을 관리해야 하는 거예요.

경제 문제를 이해하기 위해 우리가 꼭 알아야 할 개념이 있어요. 바로 '희소성'이에요. 희소성은 한정된 자원과 인간의 무한한 욕구 를 전제로 해요. 아무리 많은 자원이 있더라도 그 자원의 양보다 이를 원하는 사람들의 욕망이 크면 희소성이 있다고 말해요. 예를 들어, 지구에는 물이 많지만 마실 수 있는 깨끗한 물은 한정돼 있어요. 하루 24시간도 마찬가지예요. 우리는 공부도 하고 싶고, 친구와 놀고도 싶고, 쉬고도 싶은데 시간은 늘 부족하죠. 그래서 우리는 선택을 해야 해요. 무한한 욕구와 한정된 자원 사이에서 선택을 하게 되는 것이 바로 경제 문제의 출발점이에요.

희소성은 상대적인 개념이기도 해요. 옛날에 물이나 모래는 자연에서 쉽게 얻을 수 있었기에 희소성이 거의 없었어요. 그런데 요즘은 마실 수 있는 물의 양이 줄어들어, 물도 희소성이 있는 자원이 되었죠. 모래도 양이 줄어든 것은 아니지만, 반도체의 중요한 재료가 되어 희소성 있는 자원이 되었죠. 또, 아무리 비싼 난로라도 열대 지방에 갖다 놓으면 희소성이 없고 반대로 아무리 비싼 에어컨이라도 극지방에 갖다 놓으면 희소성이 없어요. 이처럼 희소성은 자원의 양과 인간의 욕구에 따라 변할 수 있어요. 한편, 어떤 자원의 수가 적다고 해서 반드시 희소한 것은 아니에요. 독버섯은 희귀하긴 하지만, 아무도 원하지 않기 때문에 희소성은 없어요.

이런 상황에서 경제학은 '무엇을, 어떻게, 누구를 위해 생산할 것인가'라는 질문에 답하려고 해요. 경제학을 바탕으로 우리는 감자와 고구마 중 무엇을 더 많이 생산할지, 기계를 활용할지 사람이 만들지 누구에게 어떻게 팔지를 정하게 되죠.

결국 경제학은 희소한 자원을 최대한 알차게 쓰는 방법을 고민하는 학문이에요. 부족한 것을 어떻게 잘 나누고, 어떻게 잘 쓰는지가 경제의 핵심이에요. 더불어, 희소성을 바탕으로 경제를 잘 이해하려면, 인간의 욕망이 어디를 향하고 있는지를 함께 살펴보는 것도 재밌겠지요.

경제 주체

　경제 활동이란 사람들이 부족한 것을 해결하기 위해 재화와 서비스를 만들고 나누고 사용하는 일이라고 했어요. 그런데 이런 활동을 '누가' 할까요? 우리가 자주 만나는 가게 사장님, 회사를 운영하는 대표들, 물건을 사는 소비자들 모두 경제 활동에 참여하고 있어요. 이렇게 경제 활동을 실제로 이끌어 가는 사람이나 단체를 '경제 주체'라고 불러요.

　경제 주체는 보통 가계, 기업, 정부의 세 가지로 나뉘고, 각 주체의 역할도 달라요. 경제학에서 가계는 소득을 바탕으로 경제 활동을 하는 가장 기본적인 단위를 말해요. 이를테면 한 가족이 하나의 가계가 되겠지요. 가계는 기업에서 만든 상품이나 서비스를 사는 '소비자'의 역할을 해요. 또 노동력을 제공해서 일을 하기도 해요. 즉, 가계는 돈을 벌고 쓰는 주체인 셈이죠.

　다음으로는 기업이에요. 기업은 사람들에게 필요한 물건을 만들고 서비스를 제공하는 곳이에요. 편의점, 빵집, 자동차 회사, 게임 회사 모두 기업이에요. 기업은 이윤을 얻기 위해 재화를 생산하고,

그 과정에서 사람들을 고용해서 일자리를 만들기도 해요. 쉽게 말해, 기업은 생산과 고용의 중심이 되는 경제 주체예요.

마지막은 정부예요. 정부는 가계와 기업의 관계를 조정하며 나라 전체가 잘 돌아가도록 돕는 역할을 해요. 예를 들어, 학교나 도로 같은 공공시설을 만들고, 가난한 사람을 지원하기도 해요. 또 기업이 경쟁을 공정하게 할 수 있도록 규칙을 만들고, 물가가 너무 오르거나 내리지 않도록 조절하기도 해요. 정부는 이 모든 일을 위해 세금을 걷고, 그 돈을 다양한 곳에 쓰는 경제 주체예요.

정리하면, 가계는 소득을 벌고 소비하며, 기업은 재화와 서비스를 생산하고, 정부는 사회 전체가 안정적으로 운영되도록 조정하는 역할을 해요. 각자 다른 일을 하지만, 세 경제 주체가 서로 영향을 주고받으며 경제를 함께 움직이고 있는 거예요.

이제 우리는 경제가 어떻게 작동하는지, 누가 경제를 움직이는지에 대해 조금 더 이해하게 되었어요. 우리 주변의 많은 일들이 이 경제 주체들과 어떤 관련이 있는지, 앞으로 더 흥미롭게 바라볼 수 있을 거예요.

 # 경제 활동 인간에게 필요한 재화나 서비스를 만들고, 나누고, 사용하는 모든 과정이며 생산, 분배, 소비로 나뉩니다. 생산은 농부가 쌀을 재배하거나 공장에서 빵을 굽는 것처럼 가치를 만들어내는 것입니다. 분배는 생산에 기여한 대가를 나누어 갖는 것입니다. 일한 대가로 급여를 받거나, 투자한 대가로 이익을 챙기는 것이죠. 소비는 우리가 간식을 사 먹듯 대가를 지불하고 만족을 얻는 활동입니다. 이 셋이 톱니바퀴처럼 맞물려 돌아가는 것이 바로 경제입니다.

 # 희소성 희소성이란, 인간의 무한한 욕구를 충족시킬 만큼 자원이 충분하지 않은 것을 의미해요. 그래서 사람들은 자원을 위해 경쟁하게 되는데, 이 경쟁 과정에서 등장한 것이 '가격'이에요. 일반적으로 돈을 내고 사야 하는 것은 희소성이 있다고 보면 돼요. 희소성은 어떤 절대적인 값이 아니라, 자원의 양과 인간의 욕구에 따라 다르게 정해지는 것이기 때문에 상대적인 개념이에요.

 # 경제 문제 재화의 희소성 때문에 사람들은 '무엇을 만들지', '어떻게 만들지', '누구에게 나눌지'를 늘 고민합니다. 이처럼 한정된 자원을 어떻게 쓸지 결정하는 일을 경제 문제라고 해요. 예를 들어 햄버거 가게에서는 '치킨버거를 더 만들까, 새우버거를 더 만들까?'를 선택할 때 재료나 조리 시간, 손님들의 반응까지 고려해요. 학교에서도 '수학여행은 어디로 갈까?', '급식 예산으로 어떤 메뉴를 넣을까?'처럼 한정된 예산 안에서 최선을 선택해야 하는 순간들이 있어요. 이런 고민들도 모두 경제 문제와 닿아 있어요.

돈이 없으면
경제도 없을까?

경제에 대해 배우기 시작하면 대부분 이런 생각을 해요.

'경제는 결국 돈 얘기잖아?'

'돈이 있어야 소비도 하고, 생산도 하는 거 아닌가?'

맞는 말처럼 들리죠. 하지만 '돈 없이는 경제를 말할 수 없다.'라는 건 완전히 맞는 말은 아니에요.

경제는 돈보다 훨씬 오래전부터 존재했어요. 사실 돈은 우리가 경제 활동을 좀 더 편리하게 하기 위해 나중에 생겨난 도구일 뿐이에요.

옛날에는 사람들이 물건을 직접 교환(물물교환)했어요. 쌀을 많이 가진 농부는 고기를 가진 어부에게 쌀을 주고 고기를 받았고,

옷을 만드는 사람은 옷을 줘서 생선을 받기도 했죠. '내게는 많은데 너에게 부족한 것'을 서로 바꾸며 필요한 걸 얻는 게 경제 활동의 기본이에요.

지금도 이런 물물교환은 일어나요. 동네에서 전업주부들이 반찬을 서로 나누는 모습, 친구끼리 학용품을 바꾸는 일도 경제 활동이에요. 돈이 오가지 않았지만 필요한 것을 주고받는 '선택과 교환'이 있기 때문이죠.

그럼 "왜 굳이 돈이 생겨난 걸까?"라고 질문할 수 있어요.

물물교환은 서로 원하는 물건의 가치가 딱 맞아떨어져야 해요. 쌀은 있고 고기가 필요한데, 고기를 가진 사람이 쌀을 원하지 않는다면 교환이 안 되겠죠. 그래서 사람들은 '모두가 원할 만한 것'을 하나 정했어요. 그게 바로 돈이에요. 옛날에는 소금이나 조개껍데기, 금이 그런 역할을 하기도 했어요.

또 요즘은 지역화폐나 포인트, 게임 머니처럼 '돈 아닌 돈'도 많아졌어요. 마트 포인트, 게임 속 코인, 카페 쿠폰 같은 것들은 진짜 돈은 아니지만, 어떤 상황에서는 돈처럼 쓰이죠.

지금은 종이돈과 동전, 그리고 카드와 앱 속 숫자들로 바뀌었지만, 돈의 본질은 '가치 있는 것을 대신 전달해주는 약속'이에요.

중요한 건 돈이라는 도구가 아니라, '무엇을 왜 바꾸는가.', '서로 어떤 필요를 채우는가.'예요. 이게 바로 경제의 핵심이에요.

우리가 무언가를 얻기 위해 고민하고 선택하는 순간, 그건 이미 경제 활동이에요. 돈이 오가지 않아도 말이에요. 친구와 간식을 나누는 일, 시간을 내어 친구를 도와주는 일, 중고 물품을 나누는 일도 모두 경제 활동이죠.

그래서 이렇게 말할 수 있어요. "돈은 경제를 편리하게 해주는 도구일 뿐, 경제의 본질은 아니다." 돈이 없어도 우리는 늘 경제 활동을 하며 살고 있어요. 필요를 채우기 위해 생각하고, 선택하고, 나누는 모든 순간이 경제인 거예요.

02

합리적 선택과 기회비용은 왜 중요할까?

토요일 오후, 친구에게서 메시지가 왔어요. 영화를 보러 가자고 하네요. 그런데 마침 오늘까지 마무리해야 할 학원 숙제가 떠올랐어요. 잠시 뒤에는 또 다른 친구가 게임을 같이 하자며 톡을 보내요. 이럴 때 어떤 선택을 해야 할까요? 영화 보기, 숙제, 게임, 마음은 셋 다 하고 싶지만 하루는 24시간뿐이에요. 결국 우리는 하나를 선택하고, 나머지는 포기해야 하죠. 이처럼 우리는 하루에도 수많은 선택의 순간을 마주하게 됩니다. 그때마다 지금 나에게 가장 이익이 되는 건 뭘까 하고 고민하게 되죠. 경제학에서는 이렇게 '최선의 선택'을 하는 걸 합리적 선택이라고 부릅니다. 그렇다면 어떻게 해야 후회하지 않는 선택을 할 수 있을까요? 바로 여기서 기회비용이라는 개념이 등장합니다.

🔖 기회비용이란?

　선택의 문제를 해결하기 위해 우리는 편익과 비용을 항상 고려해야 합니다.

　편익은 금전적 편익과 비금전적 편익으로 나누어 생각할 수 있어요. 만일 내가 주말 동안 알바를 할지 집에서 유튜브를 보며 쉴지 고민하고 있다고 가정해봅시다. 고민 끝에 알바를 하기로 결정했다면, 주말에 열심히 일을 하고 급여를 받겠죠. 여기서 급여는 알바라는 선택을 함으로써 얻게 되는 금전적 편익이 됩니다. 반대로 집에서 유튜브를 보며 휴식을 취하기로 결정했다면 어떨까요? 안락한 소파에 누워 유튜브를 보며 푹 쉬겠죠. 그러면 주말의 여유를 만끽하며 스트레스를 푸는 정신적 만족을 얻게 될 거예요. 이때 얻게 되는 정신적인 만족이 바로 비금전적인 편익이에요.

　경제학에서 비용은 기회비용을 의미합니다. 기회비용이란 선택에 따른 비용을 의미하는데, 사전적 정의는 '무엇인가를 선택함으로써 포기하는 것 중 가장 가치가 큰 것'이에요.

　선택에 따른 기회비용은 명시적 비용과 암묵적 비용으로 나뉘어요. 명시적 비용은 선택함으로써 실제로 지불한 돈을 의미해요. 예를 들어, 카페에서 4500원짜리 망고스무디를 마셨다면 그 4500원이 명시적 비용이에요. 암묵적 비용은 직접 지불한 비용이 아니라 선택으로 인해 포기하게 된 것의 가치를 의미합니다.

다음 표를 보면서 다시 명시적 비용과 암묵적 비용을 살펴봅시다. 여기서 편익은 내가 음료를 사 먹었을 때의 만족감을 수치로 표현한 거예요. 비금전적 편익은 실제로 정확히 측정할 수는 없지만, 경제학에서는 여러 선택 중 어떤 것이 더 만족스러운지 비교하기 위해 이런 만족감을 점수처럼 표현하는 방법을 사용해요. 이 숫자는 정답이 있는 값이 아니라, '나는 어떤 선택에서 더 큰 만족을 느끼는가?'를 기준으로 개인이 주관적으로 매긴 수치예요. 표에 적힌 점수 역시 실제 측정값이 아니라, 선택지를 비교하기 위해 예시로 설정한 값이라고 이해하면 돼요.

구분	가격	편익
망고스무디	4500	7500
키위주스	4800	7000

만일 위 상황에서 망고스무디를 선택했다고 해봅시다.

이 경우, 명시적 비용은 망고스무디 가격인 4500원이 되죠. 그리고 암묵적 비용은 포기한 키위주스의 가치로, 키위주스 선택 시 '편익(7000) - 키위주스 가격(4800)'이 됩니다. 즉, 2200원이 암묵적 비용인 것이죠. 결과적으로 망고스무디 선택의 기회비용은 6700원(명시적 비용 + 암묵적 비용)이에요.

다음으로 키위주스를 선택했다고 가정해 봅시다. 그러면 명시적 비용은 키위주스 가격인 4800원이 됩니다. 그리고 암묵적 비용은 망고스무디 선택 시 '편익(7500) − 망고스무디 가격(4500)'으로 3000원입니다. 결국 키위주스 선택의 기회비용은 총 7800원이에요.

가장 아까운 걸 포기하지 말자! 합리적 선택의 비밀

그렇다면 합리적 선택이란 무엇일까요? 편익에서 기회비용을 뺀 값이 순편익인데요. 이러한 순편익이 극대화되는 선택을 할 때 우리는 합리적인 선택을 했다고 합니다. 동일한 비용이 든다면 편익이 극대화되는 선택을, 동일한 편익을 준다면 비용이 최소화되는 선택을 하는 것이 합리적인 거예요.

그렇다면 위에서 봤던 표에서 망고스무디와 키위주스 선택의 순편익을 구해볼까요? 순편익의 공식은 다음과 같습니다.

- 순편익 = 편익 − 기회비용(명시적 비용 + 암묵적 비용)

구분	가격	편익
망고스무디	4500	7500
키위주스	4800	7000

먼저 망고스무디 선택의 순편익을 구할 거예요. 망고스무디 선택의 순편익은 망고스무디를 선택함으로써 얻게 되는 편익에서 망고스무디 선택의 기회비용을 빼주면 됩니다.

망고스무디 선택의 순편익 = 7500 − (4500 + 2200) = 800

여기서 7500원은 망고스무디를 선택함으로써 얻게 되는 편익이고, 4500원은 망고스무디 가격(명시적 비용)이며, 2200은 암묵적 비용이 됩니다.

자, 그럼 키위주스 선택의 순편익을 구해봅시다. 키위주스 선택의 순편익은 키위주스를 선택함으로써 얻게 되는 편익에서 키위주스 선택의 기회비용을 빼주면 됩니다.

키위주스 선택의 순편익 = 7000 - (4800 + 3000) = -800

마찬가지로 7000은 키위주스를 선택함으로써 얻게 되는 편익이고, 4800은 망고스무디 가격(명시적 비용)이며, 3000은 암묵적 비용이 됩니다.

좋아요! 여기서 결론이 나옵니다. 망고스무디 선택의 순편익은 +800이고, 키위주스 선택의 순편익은 -800입니다. 즉, 순편익이 더 큰 망고스무디를 선택하는 게 합리적 선택이죠.

그렇다면 선택지가 세 개일 때는 어떨까요? 망고스무디, 키위주스, 바닐라라떼가 있고 그중 하나를 골라야 한다면요. 이때는 포기한 선택 중 더 가치 있는 하나만 암묵적 비용으로 계산해요. 사례를 볼게요.

구분	가격	편익
망고스무디	4500	7500
키위주스	4800	7000
바닐라라떼	4500	6300

여기서 망고스무디를 선택한다면 포기하는 것은 키위주스와 바닐라라떼잖아요? 이 중 키위주스가 주는 가치는 키위주스 선택의 '편익(7000) - 키위주스 가격(4800)'인 2200원이 됩니다. 그리고 바닐라라떼가 나에게 주는 가치는 바닐라라떼 선택의 '편익(6300) - 바닐라라떼 가격(4500)'인 1800원이 됩니다. 그러므로 망고스무디 선택의 암묵적 비용은 더 큰 가치인 2200원이 됩니다.

다음은 망고스무디, 키위주스, 바닐라라떼 선택 시 순편익 계산표예요.

구분	편익	명시적 비용	암묵적 비용	순편익
망고스무디	7500	4500	2200	800
키위주스	7000	4800	3000	−800
바닐라라떼	6300	4500	3000	−1200

표를 보면 순편익이 가장 큰 망고스무디를 고르는 것이 가장 합리적인 선택이에요. 선택지가 여러 개일 경우, 암묵적 비용은 포기한 것 중 '가장 아까운 것' 하나만 계산하면 되는 거예요.

이미 쓴 돈에 끌리지 말자! 매몰비용을 잊는 합리적 선택

그럼 이제 응용 문제를 하나 풀어볼까요?

시우는 방학을 맞아 세 가지 선택지 앞에 서 있어요. 아르바이트를 할까? 여행을 갈까? 아니면 푹 쉴까? 다 좋아 보이죠? 하지만 여기서도 합리적인 선택은 하나뿐이에요. 다음은 시우가 생각한 각 선택지의 편익과 비용이에요.

구분	편익	비용
알바	200만 원	0
여행	350만 원	200만 원
휴식	150만 원	50만 원

자, 이제 기회비용을 계산해서 각 선택의 암묵적 비용과 순편익을 구해볼게요. 포기한 선택 중 가장 아까운 것의 가치를 암묵적 비용으로 넣는 거죠.

구분	편익	명시적 비용	암묵적 비용	순편익
알바 선택	200만 원	0원	150만 원	50만 원
여행 선택	350만 원	200만 원	200만 원	-50만 원
휴식 선택	150만 원	50만 원	200만 원	-100만 원

가장 높은 순편익을 주는 건 바로 알바예요. 시우는 방학에 알바를 하는 것이 가장 합리적인 선택이에요. 알바, 리스펙합니다!

지금까지 우리는 기회비용과 합리적 선택에 대해 알아봤어요. 그런데 여기서 꼭 짚고 넘어가야 할 개념이 하나 있어요. 바로 매몰비용이에요.

매몰비용이란 이미 써버려서 다시는 돌려받을 수 없는 비용을 말해요.

예를 들어볼게요. 초등학생 때부터 발레리나를 꿈꾸며 준비해 온 친구가 있어요. 중학교에 진학하면서 발레를 계속할지 고민할 때, 이미 발레에 투자한 시간과 노력, 비용이 바로 매몰비용에 해당해요.

매몰비용이라는 개념이 나온 이유는 사람들이 이미 지불한 비용을 꼭 회수하려는 심리가 있기 때문이에요. 앞서 말한 친구가 발레에 소질이 없다는 걸 알게 됐고 흥미도 떨어졌다면 어떻게 해야 할까요? 진로를 바꾸는 것을 고려해야 해요. 그런데 그동안 투자한 시간과 비용을 생각하면 쉽게 포기하기 어렵죠. 매몰비용 때문에 미래를 위한 선택에서 발목을 잡히게 되는 거예요.

이런 상황은 개인뿐 아니라 기업에서도 자주 나타나요. 예를 들어, 어떤 회사가 상품을 개발하면서 시간과 자원, 그리고 마케팅까지 여러 면에서 많은 투자를 했는데, 나중에 그 상품의 판매 전망이 좋지 않다는 판단을 하게 됐다면 어떻게 해야 할까요? 더 큰 손실을 막기 위해 생산을 멈추고 다른 상품을 개발하는 것이 나을 수도 있어요. 하지만 이미 들인 노력과 자원을 아까워하는 마음 때문에 쉽게 결정을 내리지 못하는 경우가 생기죠.

선택은 항상 앞으로의 이익을 기준으로 해야 해요. 이미 지불한 돈이나 시간을 기준으로 판단하면, 지금 더 좋은 기회를 놓치게 될 수 있어요.

앞서 말한 친구가 매몰비용을 아까워하며 더 재능이 있는 쪽으로 진로를 바꾸지 않고 발레를 계속한다면, 지금까지 들였던 것보다 더 많은 돈과 시간을 투자하게 될 거예요. 시장 반응이 좋지 않은 상품을 개발한 기업도 마찬가지예요. 매몰비용을 포기하지 못한다면, 더 많은 마케팅 비용과 제작비를 들여야 할 거예요. 그러면서 다른 진로, 다른 상품으로 얻을 이익, 즉 기회비용도 잃게 되겠지요. 그러면 손실은 지금의 매몰비용보다 더 크게 발생해요. 더 시간을 끌다 포기한다면 매몰비용의 액수가 점점 더 커진다고 봐도 되겠죠.

그래서 경제학에서는 말해요.

"매몰비용은 과감하게 잊어라!"

"과거에 묶이면, 미래를 잃는다!"

선택을 함에 있어서 매몰비용을 고려한다는 것은 과거에 사로잡혀서 미래의 일을 그르치는 것을 뜻해요.

합리적인 선택을 하려면, 지금까지 들인 노력이 앞으로 정말 도움이 되는 투자인지, 아니면 과감히 포기해야 할 매몰비용인지를 잘 구분해야 합니다.

기회비용

기회비용은 어떤 것을 선택하며 포기한 것 전부를 말하는 게 아니라 선택하지 않은 여러 대안 중에서 가장 가치 있는 하나를 뜻해요. 우리가 지닌 시간과 돈은 한정된 자원이기 때문에, 어떤 걸 선택하면 다른 건 포기해야 해요. 이처럼 모든 선택에는 무언가를 잃는 대가, 즉 기회비용이 따라와요. 경제학에서는 이 원칙을 "공짜 점심은 없다.(There is no such thing as a free lunch.)"라는 말로 설명해요. 겉보기엔 공짜처럼 보여도, 사실은 다른 기회를 포기하고 얻은 선택이라는 뜻이에요.

합리적 선택

합리적 선택은 내가 얻는 만족(편익)에서 기회비용을 뺀 순편익이 가장 큰 선택을 뜻해요. 즉, 선택의 기준은 감정이나 습관이 아니라 '나에게 실제로 더 이익이 되는가'예요. 합리적 선택을 잘하려면 여러 선택지를 비교해보고 무엇을 얻고 무엇을 잃는지를 차분하게 따져보는 연습이 필요해요.

매몰비용의 오류

고급 요리가 많은 뷔페는 가격이 비싸요. 그래서 비싼 뷔페에 간 사람들은 음식이 맛있어서가 아니라, 지불한 돈이 아까워서 더 많이 먹으려고 할 때가 있죠. '본전은 찾아야지'라는 마음으로 억지로 먹는 행동은 매몰비용을 잘못 이해했을 때 나타나는 전형적인 오류예요. 뷔페 가격은 이미 지불해버린 비용, 즉 매몰비용이기 때문에 이후의 의사 결정에 고려할 필요가 없어요. 이처럼 이미 지불한 돈에 대한 미련 때문에 합리적이지 않은 집착을 하게 되는 걸 매몰비용의 오류라고 해요.

후회 이론
: 왜 우리는 선택 앞에서 망설일까?

어떤 결정을 앞두고 갑자기 발걸음이 멈출 때가 있어요. 친구와 갈 곳을 정하면서 "A가 더 재미있을 것 같은데…… 혹시 B가 더 좋으면 어떡하지?" 하고 망설이거나, 용돈으로 새 신발을 살지, 좋아하는 아이돌 앨범을 살지 고민하며 계속 마음이 왔다 갔다 하는 순간 말이에요. 흥미로운 건, 이런 망설임 또한 경제학에서 중요한 연구 주제라는 사실이에요. 그것도 행동경제학이라는 분야에서요.

행동경제학은 사람이 계산기처럼 움직이지 않고, 감정과 생각, 경험에 따라 결정을 바꾸는 이유를 살펴보는 학문이에요. 그중에서도 '후회 이론(Regret Theory)'은 우리가 선택 앞에서 왜 흔들리는지를 가장 잘 보여주는 개념이에요.

후회 이론에 따르면 사람은 결정을 내릴 때 지금 얻을 이익만 보는 것이 아니라, '다른 선택을 했다면 어땠을까?' 하는 가상의 결과까지 떠올리며 그때 느낄 감정까지 미리 계산해요.

예를 들어볼게요. 친구와 놀러 갈 장소를 결정할 때 A가 더 재미있어 보여도, '혹시 B가 더 재밌는 곳이면?'이라는 생각이 계속 따라붙으면 쉽게 결정을 못 하죠. A로 정했다가도 다시 B가 떠오르고, 또다시 A가 끌리는 자신을 발견하게 돼요. 사실 여기서 고민을 하게 되는 이유는 '후회'라는 감정을 느끼고 싶지 않다는 심리가 작용하는 거예요.

이런 감정의 줄다리기는 학교생활에서도 자주 일어나요. 유튜브를 볼까, 시험 공부를 할까 고민할 때도 그래요. 지금은 유튜브가 훨씬 재미있지만, '내일 시험 망치면 어떡하지……'라는 생각이 스치면 손이 다시 교과서와 문제집으로 향하죠. 눈앞의 즐거움과 미래의 후회가 맞서는 순간이에요.

이런 심리는 다른 선택을 한 사람이 나보다 더 좋은 결과를 얻게 될 때를 전제하는 것이기도 해요. 내가 한 선택의 결과뿐 아니라 선택하지 않은 일의 결과까지 미리 생각하는 것이죠.

이런 심리는 소비와 투자에서도 나타나요. 손해 본 주식을 쉽게 못 파는 이유, 당첨 확률이 낮아도 복권을 사는 이유, 한 번 실패한 구매 경험 때문에 다음 선택이 조심스러워지는 이유. 모두 '후회하고 싶지 않다.'라는 마음이 결정을 흔들기 때문이에요.

그런데 후회에 대한 우려가 너무 큰 기준이 되어버리면 정작 지금 나에게 필요한 선택을 놓칠 수 있어요. 그래서 선택의 순간에는 감정보다 앞으로의 나에게 무엇이 더 도움이 될까를 먼저 생각하는 게 필요해요. 지금 얻을 만족과 포기해야 할 기회비용을 차분히 비교해보면, 어떤 선택이 나에게 가장 자연스러운지 보이기 시작하거든요.

우리가 바라는 '후회 없는 선택'이란 미래의 결과에서 아쉬운 점이 하나도 없기를 바라는 마음이 아니라, 그 순간에 할 수 있는 최선을 다한 자신을 믿는 태도에서 시작돼요. 후회 이론은 바로 그 태도를 갖기 위한 힌트가 되는 개념이에요.

03

시장은 어떻게 움직일까?

여러분은 '시장'이라고 하면 무엇이 떠오르나요? 떡볶이 냄새가 솔솔 풍기는 재래시장? 주말마다 가족과 함께 가는 대형마트? 아니면 휴대폰 속 중고 거래 앱이나 온라인 쇼핑몰? 사실 이 모든 게 '시장'이에요. 우리가 물건을 사고팔며 서로 교환하는 곳은 모두 '시장'이지요. 눈에 보이지 않아도, 누군가가 물건을 판매하고자 올리고 다른 사람이 그것을 사는 순간, 시장은 움직이기 시작해요. '시장'은 물건을 사고파는 공간이면서 사람들의 필요와 욕구, 선택이 모여 '가치'를 만들어내는 곳이기도 해요. 시장 안에는 우리의 관심, 판단, 감정까지 녹아 있어요.

시장은 여러 가지 모습으로 존재해요. 눈에 보이는 재래시장을 비롯해 뉴스에 나오는 주식시장, 외환시장, 심지어 탄소배출권을 사고파는 시장까지 있어요. 시장의 모습은 각기 다르지만 공통점이 있어요. 바로 '사고 싶은 사람과 팔고 싶은 사람이 만나서 교환하는 곳'이라는 점이에요.

사람들은 언제부터 시장이라는 공간에서 물건을 사고팔기 시작했을까요? 아주 오래전 사람들은 필요한 물건을 직접 만들어 쓰는 자급자족 생활을 했어요. 그런데 시간이 흐르면서 깨달은 게 있었죠. '나는 빵을 잘 만들고, 저 사람은 신발을 잘 만드네? 그럼 서로 바꿔 쓰면 더 좋지 않을까?' 이렇게 교환의 필요성이 생기면서 시장이 태어난 거예요.

시장에서는 주로 사람들이 '이건 꼭 필요해!'라고 생각하는, 즉 희소성이 있는 물건이 거래돼요.

흙이나 돌처럼 쉽게 얻을 수 있는 건 시장에 나오는 일이 흔치 않죠. 반면 찾는 사람이 많고, 구하기 어려운 물건은 비싼 가격에 팔려요. 인기 가수의 콘서트 티켓을 떠올려볼까요? 갖고 싶어 하는 팬은 많지만 좌석 수는 한정되어 있죠. 그래서 높은 값에 팔아도 빨리 매진돼요. 희소성 있는 자원일수록 사람들의 욕구가 더해져 시장에서 높은 가치를 가지게 돼요.

시장이란 단순히 물건만 오가는 공간이 아니라, 사람들의 욕구와 선택이 모여 가치를 만들어내는 공간이기도 해요. 우리가 선택하는 순간, 시장은 살아 움직이기 시작해요.

수요와 공급, 시장의 두 주인공

시장에서 가장 중요한 두 축은 바로 수요와 공급이에요. 수요는 어떤 상품을 사고 싶어 하는 마음과 능력을 말해요. '갖고 싶다!'라는 욕구와 실제로 살 수 있는 돈이나 의지가 모두 포함된 것이죠. 반대로 공급은 그 상품을 팔고 싶은 마음과 실제로 시장에 내놓는 행동을 의미해요.

여기서 수요와 공급의 법칙에 대해 알아볼 필요가 있어요.

수요법칙이란, 다른 조건이 동일할 때 가격이 오르면 수요량은 줄어들고, 가격이 내리면 수요량은 늘어나는 관계를 나타내는 법칙이에요. 수요량은 그 가격에서 실제로 사고자 하는 양을 말해요. 예를 들어, 인기 카페에서 1000원에 버블티를 팔면 친구들이 줄을 서서 사 먹을 거예요. 하지만 가격이 갑자기 5000원으로 올라가면 '그 돈이면 다른 걸 사 먹지!' 하며 발길을 돌리는 친구들이 많아지겠죠? 이렇게 수요법칙은 가격과 수요량이 반비례해요.

공급법칙은 다른 조건이 동일할 때 가격이 오르면 공급량은 늘어나고, 가격이 내리면 공급량은 줄어드는 관계를 나타내는 법칙이에요. 공급량은 그 가격에서 생산자가 실제로 내놓으려는 양을 말해요. 예를 들어, 딸기 한 박스가 10만 원에 팔린다고 해볼게요. 농부 입장에서는 높은 가격만큼 이익이 커지기 때문에, 더 많은 딸기를 생산하려고 하겠죠. 반대로 딸기 한 박스가 1만 원 정도로 떨어지면 '이 가격이라면 딸기를 많이 심을 필요가 없겠다.'라는 판단이 들어 생산을 줄일 거예요. 이처럼 공급법칙은 가격과 공급량이 비례해요.

이 둘을 그래프로 보면 더 잘 이해할 수 있어요. 수요곡선은 가격이 오르면 수요량이 줄어들어 오른쪽 아래를 향해요. 반면, 공급곡선은 가격이 오르면 공급량이 늘어나기 때문에 오른쪽 위를 향하는 모습이죠.

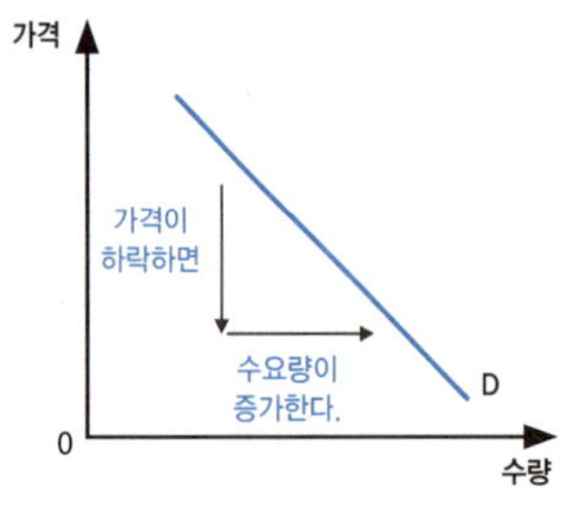

수요 곡선
영어로 'Demand Curve'라고 하므로, 일반적으로 그래프상에서 수요 곡선을 'D'로 표현함.

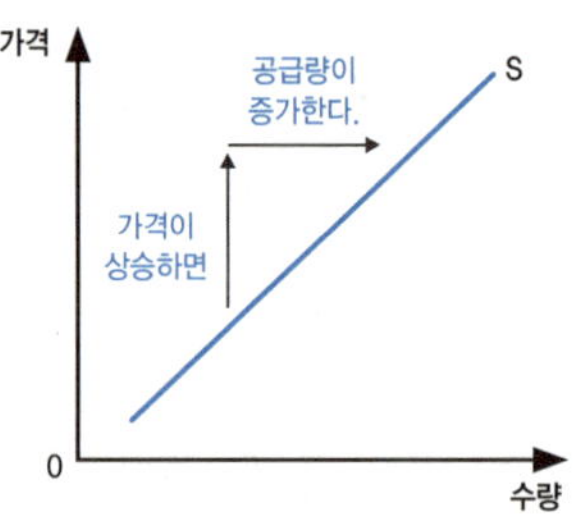

공급 곡선
영어로 'Supply Curve'라고 하므로 일반적으로 그래프상에서 공급곡선을 'S'로 표현함.

두 곡선이 만나는 지점을 '균형점'이라고 하고, 이때 결정되는 가격을 '균형 가격', 거래량을 '균형 거래량'이라고 불러요.

예를 들어, 음료수에 대한 수요와 공급이 아래 그래프와 같은 경우, 가격이 1000원보다 낮을 때는 공급량보다 수요량이 많아 서로 일치하지 않아요. 시장의 수요량과 공급량이 모두 30만 병으로 서로 일치하는 경우는 가격이 1000원일 때뿐이에요. 이때 시장은 균형 상태에 있다고 하며 그때의 균형 가격은 1000원, 균형 거래량은 30만 병이에요.

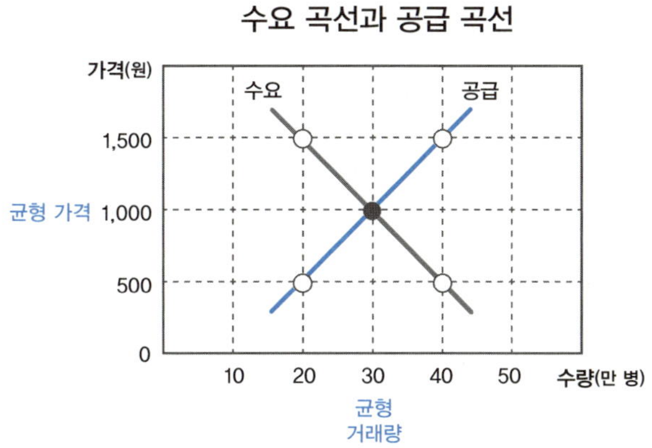

가격은 어떻게 정해질까?

시장에서는 가격이 마치 신호등처럼 작용해요. 어떤 상품이 비싸지면 수요량은 줄고, 공급량은 늘어나요. 반대로 너무 싸지면 수요량은 늘고, 공급량은 줄어요. 시장은 이런 흐름에 따라 자연스럽게 가격을 조절하면서 균형을 찾아가요.

여름철 아이스크림 시장을 생각해볼까요? 날씨가 더우면 아이스크림 수요가 늘어나요. 이때, 예를 들어 가격이 1000원이라면 싸니까 너도나도 사려고 하겠죠. 그런데 이 가격으로 이윤이 적을 경우, 생산자는 많이 만들지 않으려 할 거예요. 반면, 3000원이면 생산자는 열심히 만들지만 소비자는 사지 않아요. 이 두 흐름이 만나는 가격에서 가장 적절한 양이 거래되는 거예요.

비슷한 예시로, 최신 스마트폰이 150만 원이면 수요량은 줄고 공급량은 늘어날 수 있어요. 하지만 60만 원이면 모두가 사고 싶지만 공급이 따라가지 못하죠. 이런 상황에서 시장은 가격을 점점 조정해 균형을 찾아가요.

수요와 공급의 관계는 표를 통해서도 쉽게 알아볼 수 있어요. 아래 표는 X재라는 물건의 가격이 달라질 때, 사람들이 얼마나 사고 싶어 하는지(수요량)와 생산자들이 얼마나 팔고 싶어 하는지(공급량)를 보여줘요.

가격	1만 원	2만 원	3만 원	4만 원	5만 원
수요량	80개	60개	40개	20개	0개
공급량	0개	20개	40개	60개	80개

표를 보면, 가격이 5만 원일 때는 공급량이 80개로 아주 많지만, 그 가격에 사는 사람은 아무도 없어요.(수요량 0개) 너무 비싸니까

사람들이 안 사려는 거죠. 반대로 1만 원일 땐 사고 싶어 하는 사람은 80명이나 되지만, 생산자는 너무 싼 가격이라 안 만들려고 해요.(공급량 0개)

그런데 3만 원일 때는 어떨까요? 이때는 사고 싶어 하는 사람도 40명, 만들겠다는 사람도 40명이에요. 수요량과 공급량이 딱 맞죠? 이렇게 수요량과 공급량이 일치하는 가격을 '균형 가격', 그때 거래되는 양을 '균형 거래량'이라고 해요. 여기서는 균형 가격은 3만 원, 균형 거래량은 40개예요. 이 지점에서 거래가 가장 원활하게 이루어져요.

이처럼 수요와 공급은 시장을 움직이는 두 바퀴이고, 가격은 이 둘을 연결하는 중요한 신호예요. 수요 공급 곡선을 통해 우리는 시장이 어떻게 작동하고, 가격이 어떻게 정해지는지를 시각적으로 이해할 수 있어요. 수요와 공급을 가리키는 선 하나하나에 경제의 흐름이 담겨 있다는 걸 꼭 기억해주세요.

 # 수요와 수요량 '수요'와 '수요량' 두 개념 모두 물건을 사고 싶은 '의지'와 실제로 살 수 있는 '능력'을 다 갖추었다는 걸 전제한다는 점은 같아요. 둘의 차이는 이거예요. 수요는 상품 가격의 수준에 따라 달라지는 전반적인 구매 의지나 계획을 말해요. 반면 수요량은 딱 정해진 가격에서 사려고 하는 구체적인 숫자를 뜻하죠. 떡볶이 1인분이 3000원일 때 100명이 사 먹으려 한다면, 이때의 '100'이라는 숫자가 바로 수요량입니다. 만약 가격이 5000원으로 올라서 30명만 사 먹는다면, 수요량은 '30'이 되는 것이고요. 이렇게 특정 가격에 따라 소비자가 구매하고자 하는 구체적인 수량이 수요량이고, 소득, 기호 등 여러 가지 요인에 따라 증가하거나 감소하는 것을 수요라고 합니다.

 # 공급과 공급량 공급은 가격이 오르내림에 따라 물건을 얼마나 팔지 미리 생각해둔 전반적인 판매 계획을 말해요. 반면 공급량은 딱 정해진 가격에서 실제로 시장에 내놓으려는 구체적인 수량을 뜻합니다. 딸기 농사를 짓는 농부를 예로 들어볼게요. 딸기 한 팩이 5000원일 때 시장에 50팩을 내놓기로 했다면, 이때의 '50'이 바로 공급량입니다. 그런데 가격이 1만 원으로 오르면 돈을 벌 기회라고 생각한 농부는 딸기 100팩을 준비할 수 있습니다. 이때는 공급량이 '100'으로 늘어나는 거예요. 이렇게 특정 가격에 따라 공급자가 생산하고자 하는 구체적인 수량이 공급량이고, 인건비 변화, 원자재 값 하락, 기술의 발전 등으로 생산하고자 하는 의지나 계획이 증가하거나 감소하는 흐름을 공급이라 합니다.

대체재 수요곡선을 움직이는 건 해당 물건의 가격이지만, 다른 재화나 서비스의 가격과 공급 상황도 영향을 미치곤 합니다. 소고기 가격이 너무 비싸지면 우리는 자연스럽게 돼지고기를 찾습니다. 이처럼 비슷한 만족을 얻을 수 있어 서로 경쟁 관계에 있는 재화나 서비스를 대체재라고 해요. 영화관에 가는 대신 넷플릭스를 보고, 비행기 대신 KTX를 타는 것도 모두 대체재 관계입니다. 그런데 이 관계는 상황에 따라 변하기도 해요. 만약 소고기도 비싸고 돼지고기도 비싸다면, 사람들은 이제 제3의 대안인 닭고기나 생선을 찾게 됩니다. 이렇게 대체재는 고정된 게 아니라 가격 상황에 따라 계속 바뀌는 것이죠.

보완재 커피를 마실 때 달콤한 도넛이 있으면 훨씬 행복하듯, 함께 소비할 때 만족감이 훨씬 커져서 실과 바늘처럼 따라다니는 재화나 서비스를 보완재라고 합니다. 하지만 보완재 관계도 영원하지는 않아요. 커피와 설탕은 원래 뗄 수 없는 단짝이었지만, 건강에 대한 관심이 높아지면서 설탕을 넣지 않고 블랙커피를 즐기는 사람이 많아졌습니다. 의식 변화로 인해 끈끈했던 보완재 관계가 예전보다 약해진 것이죠. 재미있는 건, 대체재였던 것이 보완재로 변신하기도 한다는 점이에요. '백미'와 '현미'가 딱 그렇습니다. 예전에는 둘 중 하나만 선택했기에 경쟁하는 사이였지만, 요즘은 건강을 위해 두 가지를 섞어 먹는 집이 많아졌습니다. 이처럼 경제 관계는 고정된 것이 아니라, 우리의 생활 방식에 따라 변화할 수 있습니다.

중고 거래 앱에서는
왜 가격이 자꾸 바뀔까?

요즘 친구들 사이에서 인기 많은 앱, 바로 '당근마켓' 잘 알지요? 동네 사람들과 물건을 사고파는 이 중고 거래 앱에는 정말 다양한 물건이 올라오죠. 어떤 날은 최신 게임기, 어떤 날은 상태 좋은 자전거도 있어요. 그런데 유심히 보면 한 가지 재미있는 현상이 있어요. 똑같은 물건인데 며칠 사이 가격이 달라지는 거예요!

예를 들어볼게요. 고등학생 준서는 MTB 자전거를 팔기로 했어요. 상태도 좋고, 최근에 타이어도 새로 교체한 자전거를 25만 원에 올렸어요. 그런데 며칠이 지나도 아무도 연락을 하지 않아요. '관심 있음'만 몇 개 찍히고, 채팅은 하나도 안 오는 거죠. 고민하던 준서는 22만 원으로 가격을 낮춰요. 그런데 그날 저녁, 채팅이 두 개가 오더니 그중 한 명과 바로 거래가 성사됐어요!

이런 일이 왜 생긴 걸까요? 바로 시장 원리, 그중에서도 수요와 공급의 움직임 때문이에요.

준서는 처음에 수요보다 높은 가격을 불렀기 때문에 그 자전거에 관심이 있는 사람도 구매할 만큼의 욕구가 일지 않았던 거예요. 그런데 가격을 조금 내리자, 사람들이 '살 마음'이 생겼어요. 수요가 다시 움직이기 시작한 거죠. 이처럼 중고 거래 앱에서는 수요와 공급이 계속 실시간으로 변하면서 가격도 바뀌어요.

만약 준서의 동네에서 누군가 비슷한 MTB 자전거를 21만 원에 올렸다고 해봐요. 그러면 준서의 자전거가 더 비싸게 느껴지겠죠? 결국 준서도 가격을 20만 원으로 낮추게 될 거예요. 이건 비슷한 공급이 늘어나면서 경쟁이 생기고, 그에 따라 가격이 내려가는 현상이에요.

중고 거래에서는 가격표가 고정돼 있지 않아요. 거래를 원하는 사람들의 마음과 상황에 따라 수시로 바뀌죠. 예를 들어 갑자기 자전거를 타고 등하교하려는 학생들이 많아지는 봄철에는 자전거 수요가 올라가면서 가격도 함께 오르곤 해요. 반면 비가 잦은 장마철에는 사람들이 자전거를 덜 찾으니까 가격이 낮아질 수도 있어요.

재미있는 건, 사람들의 감정도 가격을 움직인다는 거예요. 급하게 자전거가 필요한 사람은 조금 더 비싸게라도 바로 사려고 해요. 반대로, 급하게 팔아야 하는 사람은 조금 싸게라도 빨리 팔기를 원하죠. 그래서 중고 거래 앱에서는 매일매일 새로운 '시장 드라마'가 펼쳐진답니다. 중고 거래 앱 속 가격 변화는 단순한 숫자의 변화가 아니에요. 그건 살아 있는 시장의 이야기이자, 거래를 하는 여러분이 경제를 직접 움직이고 있다는 증거예요. 지금 이 순간도요.

04

가격은 왜 시장의 신호등일까?

여러분은 신호등 없이 도로를 건넌 적 있나요? 빨간불, 초록불이 없다면 자동차와 보행자가 뒤엉켜 사고가 날 수도 있겠죠. 그래서 우리는 신호등의 색깔을 보며 '지금 가야 할지, 멈춰야 할지'를 판단해요. 시장에도 비슷한 역할을 하는 게 있어요. 바로 '가격'이에요. 가격은 마치 신호등처럼 소비자와 생산자에게 각각 "지금은 사도 돼!", "지금은 더 만들자!"라는 메시지를 보내요. 누군가 귓속말로 "요즘 이 물건 인기 많아.", "그건 너무 남아돌아."라고 알려주는 것처럼요. 가격이 오르거나 내리는 움직임을 통해 우리는 시장의 상황을 눈치챌 수 있어요. 상품에 매겨진 가격에는 사람들이 무엇을 원하고, 얼마나 원하는지가 담겨 있어요. 그리고 이 가격의 변화가 바로 시장을 움직이는 강력한 신호가 되는 거죠.

떡볶이 값이 오르면 생기는 일

학교 앞 분식집을 생각해볼게요. 매일 저녁 시간마다 줄이 길게 늘어서 있는 인기 가게가 있어요. 그런데 최근에 재료비가 올라서 떡볶이 값이 3000원에서 4000원으로 올랐어요. 그럼 어떤 일이 생길까요? 가격이 오르자, 떡볶이를 매일 사 먹던 친구들 중 일부는 '오늘은 컵라면으로 때워야지.' 하며 덜 사게 돼요.

이처럼 가격이 오르면 소비자들은 자연스럽게 소비를 줄이게 돼요. 반대로 가격이 내리면 더 많은 사람들이 더 자주 사 먹게 되죠. 이런 움직임을 우리는 수요자의 반응이라고 해요.

이번엔 분식집 사장님의 입장에서 생각해볼게요. 특정 메뉴를 찾는 사람이 많아 가격을 올렸는데도 여전히 웨이팅이 길다면, 사장님은 '더 많이 만들어야겠어.'라고 생각하겠죠. 반대로 소비자의 수요에 따라 가격을 내렸는데 남는 게 없다면 '이제 그만 팔까?' 하고 생산을 줄이게 될 거예요. 이게 바로 생산자의 반응, 즉 공급자의 반응이에요.

가격은 이렇게 소비자에게는 "덜 사!" 혹은 "더 사!"라는 신호를, 생산자에게는 "덜 만들어!" 혹은 "더 만들어!"라는 신호를 동시에 보내요. 그래서 우리는 가격을 시장의 '신호등'이라고 부르는 거예요.

그런데 모든 물건이 딱 맞게 거래되면 좋겠지만, 현실은 그렇지 않아요. 어떤 때는 물건이 남아돌고, 어떤 때는 없어서 못 팔기도 하죠. 이럴 때도 가격이 균형을 맞추는 역할을 해요.

예를 들어, 인기 캐릭터가 그려진 한정판 텀블러가 있다고 해요. 처음 출시 가격은 9900원이었는데 순식간에 품절됐어요. 그만큼 사고 싶은 소비자가 많았던 거예요. 이런 상황을 '초과 수요'라고 불러요. 이후 같은 캐릭터가 그려진 다음 시즌 텀블러가 출시될 때 가격이 1만 2000원으로 책정될 수 있어요. 그러면 그 가격에라도 사고 싶은 사람과 포기할 사람이 자연스럽게 나뉘게 되겠죠.

반대로, 아무도 관심 없는 브랜드의 가방이 있어요. 2만 원이라는 가격에 팔고 있지만 몇 주째 매장에서 먼지만 쌓여 있어요. 결국 이 가방은 할인에 들어가고, 반값 할인을 해서 만 원이 되었을 때 "이 정도면 괜찮은데?" 하고 사는 사람들이 생기기 시작하죠. 이건 '초과 공급' 상황이에요. 가격이 너무 높아 물건이 팔리지 않자, 시장이 가격을 낮춰 균형을 찾은 거예요.

이처럼 시장은 스스로 균형을 찾아가는 능력이 있어요. 어떤 통제자나 지시자가 없어도, 가격이라는 '보이지 않는 신호'가 모든 경제 주체들을 움직이게 만들어요.

필요한 사람에게 물건을 보내는 역할

　가격은 누가 이 물건을 정말 필요로 하는지를 알려주는 중요한 기준이기도 해요.

　예를 들어볼게요. 시험 기간, 문구점에서 0.5mm 샤프가 딱 하나 남았어요. 디자인도 멋지고, 필기감도 좋아서 많은 친구들이 눈독을 들이고 있죠. 그런데 가격이 1000원이면 어때요? '이 정도 가격이면 하나쯤 더 가지고 있어도 좋겠다.'라고 생각하는 친구들이 많을 거예요. 그들 중 선점하는 누군가가 사 가게 되겠죠. 그러면 정작 꼭 사야 할 필요가 있는 친구가 그 샤프를 얻을 기회를 놓칠 수 있어요.

　그런데 이 샤프가 8000원이라면 어떨까요? 이미 잘 쓰고 있는 샤프가 있는 친구들은 하나 더 장만할지 망설이게 돼요. 반면 '나 진짜 이 샤프 없으면 공부가 안 돼!'라고 간절히 바라는 친구는 비싸더라도 꼭 사려고 해요. 결국 이 샤프는 정말 필요한 사람의 손에 들어가게 되는 거죠.

　이처럼 가격은 희소한 자원을 꼭 필요한 사람에게 배분해주는 '선택의 기준'이 되기도 해요. 눈에 보이지 않지만, 시장이 혼란 없이 굴러가도록 도와주는 역할을 하는 거예요.

 # 초과 공급 특정 상품에 대한 공급이 수요보다 많은 상태를 '초과 공급'이라고 해요. 물건이 남아돌면 기업은 재고를 줄이기 위해 가격을 조금씩 낮춰요. 가격이 내려가면 소비자들은 '오, 이제 살 만한데?' 하며 더 많이 사려 하고, 기업은 낮아진 가격에 맞춰 생산량을 줄이게 돼요. 이 과정이 반복되면서 결국 수요량과 공급량이 일치하는 지점, 즉 시장 균형에 가까워지게 돼요.

 # 초과 수요 특정 상품에 대한 수요가 공급보다 많은 상황을 '초과 수요'라고 해요. 이럴 때 소비자는 더 높은 가격에도 살 의향이 있으니 가격은 점점 올라가요. 기업도 '이렇게 잘 팔리면 더 만들어야겠다!' 하고 생산량을 늘려요. 반대로 소비자들은 가격이 오를수록 점점 덜 사게 되죠. 이 흐름이 계속되면 그래프에서 보듯, 수요량과 공급량이 서로 같아지는 가격으로 자연스럽게 조정돼요. 이 지점을 '균형 가격'이라고 부르며, 가격이 이 위치에 도달하면 초과 수요 상태도 해소돼요.

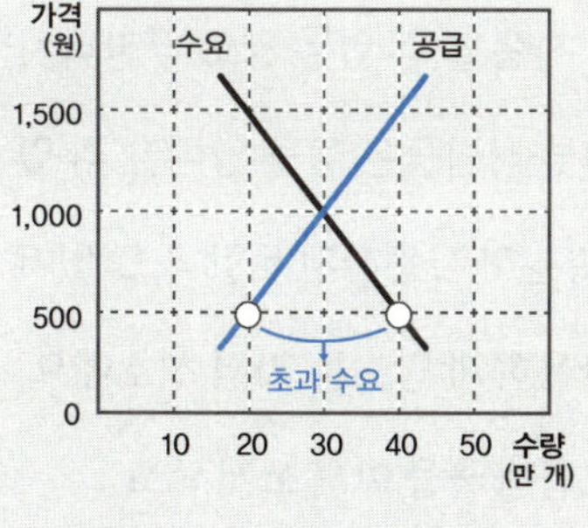

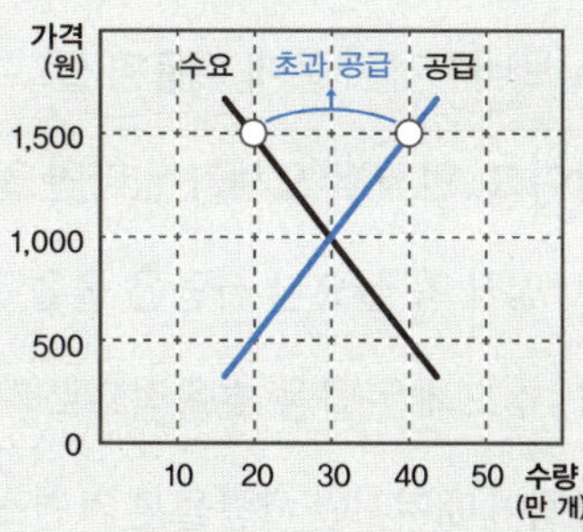

수도세나 통행료는 왜 일부러 가격을 매길까?

우리는 물을 사용할 때 수도세를 내고, 특정 도로를 지날 때 통행료를 내기도 해요.

이런 공공요금은 공공재 운영에 필요한 돈을 확보하는 의미를 넘어 자원을 아끼고 더 고르게 사용하도록 만드는 가격 신호 역할을 해요.

물을 예로 들어볼게요. 수돗물은 정수 과정을 거쳐 각 가정으로 보내지기 때문에 비용이 들고, 사용할 수 있는 양도 무한하지 않아요. 만약 수도세가 없다면 일부 사람들은 물을 낭비할 수 있고, 정작 꼭 필요한 사람은 물을 충분히 사용하지 못할 수도 있어요. 수도세는 물을 효율적으로 사용하게 만드는 가격 신호예요. 가격이 매겨지면 사람들은 자연스럽게 물을 아껴 쓰게 돼요.

통행료도 같은 이유예요. 차량이 많이 몰리는 도로에는 혼잡통행료를 부과해 꼭 필요한 경우에만 차량을 이용하도록 유도해요. 그러면 도로가 덜 막히고, 다른 사람들도 이동하기 더 편해져요. 도심 진입 차량 수를 줄이기 위한 서울 남산터널의 혼잡통행료처럼 말이에요.

이처럼 공공재 사용에 매겨지는 가격도 소비자와 생산자 모두에게 신호를 보내요. 어떤 자원을 얼마나 사용할지, 언제 줄이고 언제 늘려야 할지를 알려주는 거죠.

시장에서는 이런 가격 신호가 자연스럽게 작동하는데, 경제학자 애덤 스미스는 이를 '보이지 않는 손'이라고 불렀어요. 그런데 수도세나 통행료처럼 정부가 의도적으로 가격을 조정하는 경우는 시장만으로는 해결이 어려운 문제를 다루기 위한 보완 장치라고 볼 수 있어요.

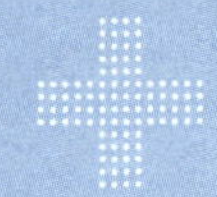

음료수 값 2000원은 어떻게 정해지는 건가요?

보이지 않는 손의 원리

우리는 물건을 살 때 늘 가격표를 보고 선택해요. 하지만 같은 음료수가 마트에서는 1500원인데 편의점에서는 2000원일 때, '이 가격은 누가, 어떤 기준으로 정한 걸까?'라는 궁금증이 생기기도 하죠. 원재료비, 광고비, 인건비처럼 가격에 영향을 주는 요소들은 많지만 최종 가격이 어느 수준에서 결정되는지는 소비자와 판매자의 선택이 만나는 지점을 보아야 이해할 수 있어요.

편의점에서 가격이 더 비싸도 소비자들이 구매하는 이유는 멀리 이동하는 번거로움 대신 가까운 편의성을 선택하기 때문이에요. 이처럼 가격은 특정 누군가가 임의로 정하는 숫자가 아니라 사고 싶은 사람과 팔고 싶은 사람이 만들어내는 결과예요.

이러한 시장의 움직임을 체계적으로 설명한 사람이 바로 18세기 경제학자 애덤 스미스예요. 그는 『국부론』(1776)에서 시장에는 특별

한 명령이 없어도 스스로 질서를 만들어내는 힘이 존재한다고 주장했고, 이 작동 원리를 '보이지 않는 손'이라는 말로 표현했어요.

스미스에 따르면 가격은 시장을 조정하는 중심이에요. 가격이 오르면 소비자는 덜 사고 생산자는 더 만들고, 가격이 내리면 소비자는 더 사고 생산자는 덜 만들어요. 이러한 선택의 흐름이 반복되면서 시장은 점차 균형을 향해 움직이는 질서를 갖게 돼요. 스미스는 이러한 조정 능력을 근거로 정부가 시장에 과도하게 개입하기보다는 가능한 한 자유롭게 맡겨야 한다는 자유방임주의를 주장했어요.

그러나 그는 시장이 항상 완벽하게 돌아간다고 믿은 것은 아니에요. 독점이나 담합처럼 경쟁을 해치는 구조, 정보가 한쪽에만 몰리는 문제, 노동자가 시장에서 충분한 힘을 갖지 못하는 상황 등 시장 스스로 해결하기 어려운 문제가 있다는 사실도 분명히 지적했어요. 따라서 공정한 경쟁과 기본적인 규칙, 투명한 정보 같은 장치가 제대로 갖춰져야 시장이 건강하게 작동할 수 있다고 강조했죠.

이런 관점은 오늘날에도 이어지고 있어요. 가격이라는 신호는 여전히 시장의 핵심이지만, 필요한 경우 세금이나 공공요금, 공정거래 규

제 같은 제도가 '보이지 않는 손'이 작동하지 못하는 영역을 보완하고 있어요.

애덤 스미스가 남긴 핵심 메시지는 이거예요.

"가격은 시장을 움직이는 신호이며, 사람들의 선택이 모여 시장의 질서를 만들어낸다. 그러나 그 질서가 모두에게 이롭기 위해서는 시장 스스로 해결하지 못하는 영역을 살피는 제도적 장치가 필요하다."

애덤 스미스(1723~1790)

현대 경제학의 체계를 세운 애덤 스미스는 저서 『국부론』에서 개인이 자신의 이익을 위해 자유롭게 경제 활동을 하면, 마치 '보이지 않는 손'에 이끌린 듯 사회 전체의 번영으로 이어진다고 설명했죠. "우리가 맛있는 빵을 먹을 수 있는 건 제빵사의 자비심이 아니라 그들의 돈을 벌고자 하는 이기심 덕분이다."라는 비유는 그의 생각을 잘 보여줘요. 하지만 그는 인간의 이기심만을 강조한 게 아니라, 도덕적 공감이 바탕이 되어야 한다는 점도 주장했어요. 오늘날 우리가 배우는 시장 경제의 기초와 자유무역의 중요성은 모두 애덤 스미스의 통찰에서 시작되었다고 평가됩니다.

2장

똑똑한 소비는 어떻게 세상을 바꿀까?

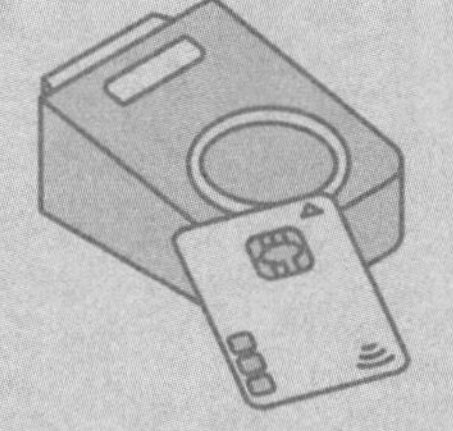

01

왜 우리는 필요한 것보다 갖고 싶은 걸 살까?

요즘 인형뽑기 기계 앞에는 항상 사람들이 줄을 서 있어요. 꼭 인형이 필요해서가 아니라, 귀여워서 갖고 싶고, 성공했을 때의 짜릿함이 우리를 끌어당기기 때문이지요. 인형이 집게에 걸려 조금씩 끌려 올라갈 때마다 두근거리는 이 기분, 바로 도파민이 분출되는 순간이에요. 그래서 사람들은 '뽑파민'이라는 재밌는 이름을 붙이기도 했어요. 사실 없어도 사는 데 전혀 지장은 없지만, 우리는 그 짜릿함 때문에 자꾸 지갑을 열게 되는 거예요. 경제학에서는 사람들이 이익을 계산해 움직인다고 하지만, 현실 속 소비는 그렇게 단순하지 않아요. 도대체 왜 우리는 필요한 걸 제쳐두고 갖고 싶은 걸 택할까요? 그 선택은 단순히 감정 때문일까요, 아니면 더 깊은 이유가 있을까요?

경제학에서는 인간을 합리적인 존재라고 가정해요. 마치 계산기처럼 비용과 편익을 따져 가장 이득이 큰 선택을 한다는 뜻이지요. 하지만 실제로 우리의 소비는 그렇게 단순하지 않아요. 예를 들어 인형뽑기 기계 앞에 서면 계산보다는 기대와 감정이 앞섭니다. '이번엔 내가 성공할지도 몰라.'라는 생각에 두근거리고, 그 순간 우리는 합리적 계산 대신 충동에 더 쉽게 끌려요. 특히 십대 시절에는 '나를 표현하고 싶은 마음'이 강합니다. 직접 뽑은 인형이나 어렵게 구한 한정판 스니커즈는 단순한 물건이 아니라 나만의 개성을 드러내는 상징이 되지요. 그래서 이런 소비가 단순한 지출이 아니라 자존감을 확인하는 행동으로 이어지기도 합니다.

여기에 또 하나, 경제학에서 말하는 현재 편향(Present Bias)이 작용하기도 해요. 사람들은 먼 미래의 만족보다 지금 당장 얻는 즐거움을 더 크게 느끼는 경향이 있습니다. 알바비나 용돈이 들어온 날, 저축하려던 다짐보다 눈앞의 새 신발이나 맛집의 한 끼가 더 매력적으로 다가오는 게 그 예지요. 또 스마트폰 게임에서도 조금만 기다리면 무료로 얻을 수 있는 아이템을, '지금 바로 쓰고 싶다.'라는 이유로 유료 결제해버리는 것도 같은 원리예요. 순간의 즐거움이 미래의 이익보다 크게 느껴져, 꼭 필요하지 않아도 지갑을 열게 되는 것이죠.

여기에 더해 요즘 소비를 자극하는 대표적인 심리 현상으로 FOMO(Fear Of Missing Out)가 있어요. '놓치면 안 될 것 같다.'라는 불안감 때문에 필요하지 않아도 지갑을 여는 경우지요. 온라인 쇼핑몰의 "오늘까지만 세일", "마지막 수량" 같은 문구가 바로 이 심리를 자극하는 대표적인 예입니다. 원래는 관심도 없던 신발이나 가방도 '지금 안 사면 평생 못 살지도 몰라.'라는 생각이 들면, 손가락이 결제 버튼으로 가게 됩니다. 게임 속 이벤트 아이템이나 콘서트 한정판 굿즈처럼, 기회가 한정돼 있다고 느끼는 순간 FOMO는 더 강하게 작동하지요.

또 하나 흥미로운 심리는 소유효과(Endowment Effect)예요. 똑같은 물건이라도 내가 가진 순간 훨씬 더 소중해진다는 뜻입니다. 예를 들어, 중고 거래 앱에 물건을 올릴 때 다른 사람은 1만 원이 적당하다고 보지만, 나는 '적어도 2만 원은 받아야 해.'라고 느끼는 경우가 있죠. 심지어 몇 년 전 뽑은 인형이나 첫 용돈으로 산 가방은 버리거나 팔기가 더더욱 힘들어집니다. 내 손에 들어온 순간부터 그 가치는 '내 것'이라는 특별한 의미를 얻게 되니까요.

결국 우리의 소비는 합리적인 계산만으로 이루어지지 않습니다. 놓칠까 봐 불안해지는 마음인 FOMO, 한 번 가진 건 쉽게 놓을 수 없는 애착을 뜻하는 소유효과, 그리고 지금 당장의 즐거움에 끌리는 현재 편향까지. 이런 심리와 환경이 뒤섞여 우리가 어떤 물건을 사고, 또 어떤 물건은 끝내 사지 않는지를 결정하는 거예요.

갖고 싶은 욕구를 참지 않는 소비, 낭비일까 투자일까?

그렇다면 꼭 필요하지 않은 걸 사는 건 단순한 낭비일까요, 아니면 나를 위한 투자일까요?

경제학에서 말하는 합리적 선택은 단순히 돈을 아끼는 게 아니라, 자신에게 가장 큰 만족을 주는 선택을 뜻합니다. 시험이 끝난 날 먹는 달콤한 케이크, 오랫동안 기다린 공연 티켓을 예매하는 것처럼 오래 기억에 남는 소비라면 충분히 합리적일 수 있지요.

하지만 만족이 언제까지 이어지는지는 따져볼 필요가 있습니다. 처음에는 큰 즐거움을 주지만 시간이 지나면서 그 만족이 줄어드는 현상을 경제학에서는 '한계효용 체감의 법칙'이라고 불러요. '한계효용'이란 재화나 서비스를 추가로 소비할 때 얻는 만족을 뜻합니다. 예를 들어, 며칠을 굶은 사람에게 햄버거 한 개는 말로 다 못할 행복을 주겠지요. 두 번째 햄버거도 여전히 맛있지만 첫 번째만큼은 아닐 거예요. 세 번째, 네 번째로 넘어가면 포만감이 커지고 만족은 줄어들어, 결국 아무 감흥 없이 남기게 될 수도 있습니다. 이렇게 같은 물건이나 음식을 반복해 소비하면 점차 효용이 줄어드는 거예요.

그래서 중요한 건 소비 전에 잠시 멈추고 스스로 점검하는 습관이에요. 이 물건을 구매한 만족감이 언제까지 이어질지, 다른 걸 포기할 만큼 가치가 있는지, 예산에 무리 없는 선택인지 따져보는 거죠. 그렇게 살펴본 소비라면 순간적인 낭비가 아니라 나를 더 잘 이해하고 표현하는 투자가 될 수 있습니다.

결국 우리는 매일 필요한 것과 갖고 싶은 것 사이에서 고민하며 살아갑니다. 때로는 계산기를 두드리듯 따지기도 하고, 때로는 감정에 휘둘리기도 하지요. 그 과정에서 어떤 소비는 오래가는 만족으로 남고, 어떤 소비는 금세 후회로 바뀝니다. 이런 경험이 쌓여 가며 우리는 점점 더 나다운 소비 기준을 세우게 되고, 단순한 지출이 아니라 나를 성장시키는 자산을 만들어 가는 거예요.

 # 효용 어떤 물건을 샀을 때 그게 나를 얼마나 행복하게 만들었는지를 경제학에서는 '효용'이라 일컬어요. 효용은 간단히 말해 만족감이나 즐거움의 크기를 뜻합니다. 어떤 친구는 5000원으로 게임 아이템을 사는 게 더 행복할 수 있고, 다른 친구는 같은 돈으로 웹툰을 보는 게 더 만족스러울 수 있어요. 효용은 사람마다 다르고, 같은 사람이라도 상황에 따라 달라지기 때문에 정해진 답은 없어요. 결국 효용을 생각한다는 건 내가 어떤 소비에서 얼마나 즐거움이나 만족을 얻는지를 따져보는 거예요.

 # 중독 소비 중독 소비란 필요해서가 아니라 '기대감' 때문에 같은 소비를 반복하게 되는 상태를 말해요. 처음에는 재미나 호기심으로 시작하지만, 어느 순간부터는 멈추고 싶어도 멈추기 어려운 소비로 바뀌기도 하죠. 이 과정에서 중요한 역할을 하는 것이 도파민이에요. 도파민은 '곧 좋은 일이 생길 것 같아.'라는 기대를 키우는 신호 물질로, 어떤 행동 뒤에 반복적으로 분비되면 '한 번만 더 해볼까?'라는 생각을 자연스럽게 만들어요. 처음 맛본 음식이 유난히 맛있게 느껴지거나, 게임에서 보상을 받으면 손을 쉽게 떼지 못하는 것도 이 때문이에요. 청소년 도박 문제도 이 흐름과 비슷해요. 처음엔 단순한 호기심으로 시작해 소액 베팅에 그쳤더라도, 보상을 기대하는 마음이 도파민을 반복적으로 자극하면 멈추기가 점점 어려워져요. 문제는 실제로 느끼는 즐거움이 처음보다 점점 줄어든다는 데 있어요. 기대는 커지는데 만족은 줄어들면, 더 큰 금액을 걸거나 더 자극적인 선택을 찾게 되고 위험도 함께 커지죠.

행복을 사는 소비,
어디까지 괜찮을까?

돈으로 행복을 살 수 있을까?

오래된 질문이지만, 요즘 십대와 청년들에게는 더욱 실감 나는 고민이에요.

비싼 운동화, 한정판 굿즈, 분위기 좋은 카페에서 찍은 인증샷. 꼭 필요하지는 않지만 불쑥 '갖고 싶다.'라는 마음이 올라올 때가 있죠. 특히 요즘엔 인스타그램이나 틱톡 같은 SNS 속 이미지가 우리가 기대하는 '평범한 일상'의 기준을 자꾸 바꿔놓아요. 주말마다 여행을 가고, 오마카세 맛집을 찾으며, 멋진 옷을 입고 웃는 사람들이 넘쳐나는 걸 보면, 나도 저런 걸 누려야 하지 않을까 하는 생각이 들기도 해요.

이런 비교는 소비를 자극합니다. 시험이 끝난 날 평소라면 안 가던 뷔페를 예약하거나, 특별한 기념일이라며 비싼 레스토랑에 지갑을 열게 되는 거죠. 물론 이런 소비가 항상 나쁜 건 아닙니다. 특별한 경험이나 스스로에게 주는 선물은 하루를 훨씬 빛나게 만들어주기도 하니까요. 다만 문제는 그 만족이 오래가지 않을 때입니다. 지출은 컸는데 행복은 짧았다면, 돌아오는 건 후회뿐일 수 있죠.

여기서 경제학적으로 재미있는 개념이 하나 더 등장합니다. 바로 '사회적 비교 효과(Demonstration Effect)'예요. 사람들은 단순히 자신만의 만족을 기준으로 소비하지 않고, 주변 사람과 비교하며 선택하는 경향이 있다는 뜻입니다. 친구가 새 스마트폰을 샀을 때 나도 괜히 휴대폰을 바꾸고 싶어지는 마음, SNS에서 모두가 가는 여행지를 나도 꼭 가야 할 것 같은 마음이 여기에 해당해요. 이런 소비는 순간적인 만족을 줄 수 있지만, 비교의 기준이 계속 바뀌기 때문에 쉽게 지치거나 허무해질 수도 있습니다.

경제학에서는 효율성을 '들인 것에 비해 얼마나 만족을 얻었는가'로 설명합니다. 같은 돈이라도 나를 위한 소비였는지, 아니면 남들의 시선을 의식한 소비였는지에 따라 효율성의 차이는 크게 달라져요. 예를 들어, 친구들과 돈을 모아 여행을 간 경우, 그 순간을 오랫동안 추억으로 간직할 수 있다면 비용 대비 만족은 충분히 크다고 할 수 있어요. 반대로, 유행에 휩쓸려 산 옷이 옷장 속에만 걸려 있다면, 비용 대비 만족은 거의 없는 셈이지요.

결국 행복을 위한 소비에서 중요한 건 얼마를 썼느냐가 아닙니다. 그 소비가 진짜 나를 위한 것이었는가, 내 일상을 조금이라도 더 즐겁고 의미 있게 바꿔주었는가가 핵심이에요. 남과 비교하지 않고, 나에게 꼭 맞는 만족을 찾아내는 것. 그것이야말로 나를 위한 소비예요.

02

광고는 왜 우리 지갑을 열게 만들까?

　밤늦게 유튜브를 보다가 '광고 건너뛰기'를 누르려던 순간, 오히려 영상이 더 궁금해져서 끝까지 본 적 있지 않나요? 새로 나온 아이돌 협업 굿즈 광고, 이번 주말만 한다는 패션 브랜드 세일 소식, 혹은 OTT 드라마 공개 직전의 예고편 광고. 짧은 몇 초 동안 눈을 사로잡는 장면과 음악에 빠져 있다 보면, 어느새 '저건 꼭 사야 해.'라는 마음이 피어오릅니다. SNS를 열면 '품절 임박'이라는 문구와 함께 굿즈 사진이 쏟아집니다. 실제로 필요하지 않아도, 갖지 않으면 뒤처질 것 같은 기분이 들지요. 광고는 이렇게 우리의 시선과 마음을 붙잡아 결국 지갑을 열게 만듭니다. 어떤 언론인은 "우리가 호흡하는 공기는 산소와 질소, 그리고 광고"라고 표현했을 정도예요. 과장 같지만, 광고가 그만큼 늘 우리 곁에서 소비 심리를 흔든다는 뜻이겠지요.

광고의 본질은 '팔기 위해 알린다.'라는 것입니다. 아무리 좋은 물건도 창고에만 쌓여 있으면 소용이 없으니까요. 라틴어 advertere(돌아보게 하다)에서 나온 광고(advertising)라는 말 자체가 '관심을 끈다.'라는 의미를 담고 있습니다.

요즘은 TV보다 SNS 숏폼 광고가 훨씬 강력합니다. 단 10초 남짓한 영상이 전 세계 수백만 명에게 동시에 퍼져 나가죠. 실제로 어떤 패션 브랜드는 틱톡 챌린지와 결합한 광고를 선보였는데, 단 일주일 만에 매출이 두 배 이상 늘었다고 합니다. 소비자의 참여를 통해 홍보 효과를 극대화한 마케팅 전략이었던 것이지요.

광고는 단순히 사실을 전달하는 데 그치지 않습니다. "이 음료를 마시면 행복해집니다." 같은 메시지는 기능보다 이미지를 강조하며 소비자의 감정을 자극합니다. 집에 과자가 있어도 편의점 신상품 광고를 보면 '이건 꼭 먹어봐야 할 것 같아.'라는 생각이 들어 굳이 찾아가게 되는 이유도 여기에 있습니다.

여기서 중요한 개념이 '설득 광고'예요. 설득 광고는 단순히 제품 정보를 알려주는 광고가 아니라, 소비자의 태도, 선호, 이미지를 바꾸어 구매로 이어지게 하는 모든 광고를 뜻합니다. 이때 사용하는 수단이 이미지일 수도 있고, 유명인의 추천일 수도 있고, 감성적인 이야기나 FOMO 같은 심리 자극일 수도 있어요.

또 광고는 새로운 수요를 만들어내기도 합니다. 스포츠 경기 중 등장하는 한정판 아이템 광고를 본 순간, 계획에도 없던 결제를 하게 되는 경우가 대표적이지요. 이를 '수요 자극(Demand Creation)'이라고 합니다. 없던 욕구마저도 광고가 만들어내는 셈이에요.

게다가 같은 사실도 표현에 따라 전혀 다르게 받아들여집니다. '지방 10% 함유'보다 '지방 90% 무함유'라는 문구가 더 건강하게 들리는 것처럼요. 이는 '프레이밍 효과(Framing Effect)'라고 불립니다.

특정 정보를 어떤 프레임, 즉 틀에 담아 보여주느냐에 따라 받아들이는 사람의 판단이 달라진다는 뜻입니다. OTT 드라마 광고에서 '첫 공개 24시간 만에 전 세계 1위' 같은 문구가 자주 쓰이는 것도 바로 이런 프레이밍 효과가 작동하는 사례예요. 수치 자체보다, 그 수치를 어떤 방식으로 제시하느냐에 따라 사람들의 기대감과 관심이 높아질 수 있습니다.

이름값이 만드는 힘, 그리고 똑똑한 소비자의 눈

광고는 브랜드의 가치를 키우는 데도 중요한 역할을 합니다. 같은 기능의 제품이라도 유명 브랜드 로고가 붙으면 훨씬 특별하게 느껴집니다. 평범한 검은색 모자도 인기 스트리트 브랜드 로고가 있으면 전혀 다른 패션 아이템처럼 보이지요. 청소년들이 줄 서서 사는 한정판 운동화나 아이돌 협업 패션 컬렉션이 대표적인 예입니다. 경제학에서는 이를 '브랜드 효과(Brand Effect)'라고 부릅니다.

브랜드 효과는 전자기기나 게임에서도 나타납니다. 같은 성능의 이어폰이라도 유명 기업의 로고가 있으면 음질이 더 좋을 것 같다는 생각이 드는 경우가 많습니다. 또 새 로고가 선명하게 찍힌 굿즈 언박싱 영상이 올라오면 댓글 창이 뜨겁게 달아오르는 것도 같은 이유죠. 광고와 브랜드 이미지가 결합해 '이건 단순한 물건이 아니라 나를 표현하는 상징'이라는 생각을 심어줍니다.

이러한 광고는 소비자의 선택에 도움이 될 때도 있지만, 간혹 소비자를 현혹하는 함정이 될 때도 있습니다. 경쟁 제품과 차이를 강조하는 비교 광고는 선택을 돕기도 하지만, 충분한 근거 없이 과장될 경우 소비자가 잘못된 선택을 하도록 유도할 수 있습니다. 예를 들어, 어떤 스마트폰 광고에서 "타사보다 배터리가 두 배나 오래 간다."라고 홍보하는데 실제로는 사용 환경에 따라 차이가 크다면 소비자는 잘못된 기대를 가질 수 있습니다. 음료 광고에서도 "우리 제품이 다른 브랜드보다 몸에 더 좋아요."라고 강조하는 문구가 종종 등장하지만, 이런 표현이 객관적으로 입증되지 않는다면 과장 광고로 문제가 될 수 있습니다. 그래서 광고를 볼 때는 태도가 중요합니다. '정말 필요한 걸까?', '지금 광고가 내 마음을 흔들고 있는 건 아닐까?' 하고 스스로 점검하는 습관이 필요하지요.

최근 청소년들 사이에서는 '광고 해부 영상'이 인기입니다. 광고 속 기법을 하나하나 짚어주면서 "우리가 이 장면 때문에 설득당한 거다."라고 알려주니, 단순히 광고를 소비하는 걸 넘어 비판적으로 볼 수 있게 되지요. 직접 패러디 광고를 만들어 풍자하는 학생들도 늘고 있습니다. 이런 경험을 통해 우리는 단순한 소비자가 아니라, 광고를 분석하고 활용할 줄 아는 똑똑한 소비자로 성장할 수 있습니다.

소비자의 눈을 속이는 정보의 그림자, 정보의 비대칭성

우리가 물건을 살 때 어려움을 느끼는 이유 가운데 하나는 구매자와 판매자가 알고 있는 정보의 양이 다르기 때문이에요. 경제학에서는 이런 상황을 '정보의 비대칭성'이라고 해요. 판매자는 제품의 품질이나 사용 이력처럼 감춰진 정보를 잘 알고 있지만, 구매자는 겉으로 드러난 정보만 보고 판단해야 해서 불리한 위치에 놓이기 쉽죠. 이런 구조가 지속되면 거래의 신뢰가 약해지고 시장이 흔들리기도 해요.

이 문제를 가장 뚜렷하게 보여주는 사례가 중고차 시장이에요. 미국의 경제학자 애컬로프 교수는 중고차 거래를 분석해 '레몬 시장'이라는 개념으로 설명했어요. 중고차 판매자는 차량의 숨은 결함을 알고 있지만 구매자는 확인할 방법이 많지 않아요. 그래서 구매자는 혹시 상태가 좋지 않을까 걱정하며 가격을 낮춰 제시하고,

상태가 좋은 차를 가진 사람은 그 가격에 팔 이유가 없어서 시장에 나오지 않게 돼요. 시간이 지나면 질 좋은 차는 빠지고 상태가 좋지 않은 차만 남게 되는데, 이 현상을 역선택이라고 해요.

정보의 비대칭성은 중고차 거래에만 나타나는 것이 아니에요. 헌책, 중고 전자기기 같은 중고품은 물론, 온라인 쇼핑몰 상품, 온라인 강의처럼 직접 사용해보기 전에는 품질 상태를 정확히 파악하기 어려운 제품과 서비스에서도 흔하게 나타나요. 판매자는 장단점을 잘 알고 있지만, 구매자는 제한된 정보로 선택해야 하니 실수를 할 가능성이 높아요.

이런 문제를 줄이기 위해 다양한 장치가 만들어지고 있어요. 후기 시스템, 보증 제도, 전문가 인증 서비스, 언박싱 영상 등은 모두 정보 격차를 줄이는 역할을 해요. 실제 사용 경험이 공유되고 품질을 확인할 근거가 늘어나면 거래의 신뢰도도 높아지죠. 다만 정보가 완벽하게 공개되는 것은 아니라서 소비자는 여전히 주의를 기울일 필요가 있어요.

정보의 비대칭성을 이해하면 더 안정적인 소비 판단을 할 수 있어요. 가격만 보거나 광고 문구에 기대기보다, ‘숨겨진 정보가 있을까?’, ‘확인해야 할 요소가 남아 있을까?’를 생각해보는 습관이 도움이 돼요. 소비 활동은 물건을 고르는 과정이면서 광고에 드러난 정보를 해석하는 과정이기 때문에, 이런 감각을 갖추면 더 신뢰할 수 있는 선택을 할 수 있습니다.

 # 프레이밍 효과 프레이밍 효과는 같은 사실도 표현 방식에 따라 전혀 다르게 받아들여지는 현상을 말해요. 예를 들어, 시험에서 70점을 받은 학생에게 "100점 만점에 70점"이라고 하면 평범하게 들리지만, "10명 중 3명만 70점 이상 맞았다."라고 하면 갑자기 특별한 성취처럼 느껴지지요. 사실은 똑같은 점수인데, 어떤 틀(frame)로 보여주느냐에 따라 기분과 해석이 달라지는 거예요. 편의점에서 1+1 할인 행사를 하는 것도 '하나를 그냥 얻는 느낌'을 주는 플레이밍 효과를 노린 예입니다.

 # 수요 자극 우리는 매일 수많은 물건을 보며 살아가요. 개중에는 그냥 지나치는 것도 있지만, 보는 순간 '와, 정말 갖고 싶다!' 하는 마음이 드는 물건도 있죠. 이렇게 누군가의 마음에 소비 욕구를 일으키는 것을 '수요 자극'이라고 합니다. 좁게는 기업이 광고로 소비자의 구매 욕구를 건드리는 걸 말하지만, 경제 전체로 보면 의미가 훨씬 넓어져요. 경기가 어려울 때 정부가 세금을 깎아주거나 지원금을 풀어 소비를 돕는 것도 바로 수요 자극이거든요. 마치 멈춰버린 경제 엔진에 다시 연료를 주입하는 것과 같죠.

 # 브랜드 효과 같은 물건이라도 브랜드 로고가 붙는 순간 가치가 더 커 보이는 현상이에요. 평범한 흰 티셔츠라도 유명 브랜드 로고가 붙어 있으면 '힙하다'는 느낌이 들 때가 있죠. 실제 성능은 똑같아도 이름값이 소비자의 만족과 지불 의사를 높이는 힘을 발휘합니다. 브랜드가 소비자의 마음속에 '가치'를 덧붙이는 마법 같은 역할을 하는 것이죠.

유튜브 리뷰,
얼마나 믿어도 될까?

유튜브에서 "불닭볶음면 꿀조합", "편의점 라면 조합 TOP 5", "이렇게 섞어 먹으면 진짜 맛있다!" 같은 제목을 단 영상을 본 적 있을 거예요. 서로 다른 라면 두 가지를 섞어 새로운 맛을 만들어 내는 장면을 보면 괜히 따라 해보고 싶어지고, 다음 날 편의점에서 재료를 사 오고 싶은 마음까지 들죠.

요즘은 음식점 리뷰나 제품 리뷰도 이런 방식으로 더욱 생생한 경험을 전달하려고 해요. 직접 먹어보고, 비교해보고, 솔직하게 반응을 보여주는 영상이 많아지면서 예전보다 얻을 수 있는 정보가 훨씬 풍부해졌어요. 몇 년 전 뒷광고 문제가 크게 논란이 된 뒤로는 광고 표기가 엄격해지고 협찬 여부를 투명하게 밝히는 문화가 자리 잡으면서, 소비자들이 리뷰를 더 신뢰할 수 있는 환경도 만들어졌어요.

그렇다고 해서 모든 리뷰를 그대로 받아들이는 것이 늘 좋은 선택은 아니에요. 리뷰어가 특정 제품을 사용하는 환경이 일반 소비자와 다를 수도 있고, 개인 취향이 결과에 많이 반영될 때도 있어요. "A라면과 B라면 조합이 신세계다!"라고 소개된 영상이라도 실제로 먹어보면 나에게는 별로일 수도 있어요. 이런 차이 때문에 정보가 완전히 균형을 이루기 어렵죠.

물론 유튜브 리뷰는 정보의 비대칭성을 줄이는 데 큰 도움이 됩니다. 하지만 경제학에서는 소비자가 스스로 기준을 갖고 판단하는 태도 역시 중요하다고 강조해요. 어떤 영상은 제품의 장단점을 잘 보여주지만, 모든 제품에 대한 정보를 완벽하게 알려주지는 않기 때문이에요.

또, 유튜브 리뷰는 트렌드를 반영하기도 합니다. 사람들의 관심이 큰 상품을 리뷰함으로써 조회수를 높이려는 목적이 있죠. 그러면서 유행을 더 퍼트리기도 합니다.

그렇다면 유튜브 리뷰를 어떻게 활용하는 게 좋을까요?

똑똑한 소비자는 한 가지 영상이나 한 명의 의견만으로 판단하지 않아요. 여러 후기와 다양한 평가를 함께 살펴보면서 자신에게 맞는 정보를 골라낼 줄 알아야 해요. 또 많은 유튜버나 인플루언서가 소개하는 제품이라 하더라도, 호기심이나 분위기에 이끌려 소비해버리지 않도록 주의해야 해요. 이런 감각을 갖추면 콘텐츠 흐름에 휩쓸리지 않고, 스스로 선택을 주도하는 소비자가 될 수 있어요.

03

정보는 왜 소비를 바꾸는 걸까?

게임을 할 때 이런 경험 있지 않나요? 단순히 '업데이트됐다.'라는 사실만 알고 시작하는 것과, '이번 패치에서 이 캐릭터가 강세라 금방 승급할 수 있다.'라는 정보를 미리 알고 들어가는 건 완전히 달라요. 같은 게임을 해도 정보를 먼저 얻은 사람은 훨씬 빨리 적응하고, 더 재미있게 즐길 수 있지요. 음식점 선택도 비슷합니다. 그냥 길에서 보이는 가게에 들어가면 맛이 별로일 수도 있어요. 그런데 "점심엔 줄이 길고, 저녁엔 한가하다.", "여기선 파스타가 인기 메뉴다." 같은 후기를 먼저 보면 실패할 확률이 줄어듭니다. 온라인 쇼핑도 마찬가지예요. 단순히 상품 설명만 보고 주문하면 실망할 수 있지만, 사진과 영상 후기를 꼼꼼히 확인한 사람은 더 만족스러운 선택을 하게 되지요. 이렇듯, 소비는 결국 정보를 얼마나 알고 있느냐에 따라 만족도가 크게 달라지는 활동입니다.

정보가 많아질수록 '검색 비용'은 줄어든다

예전에는 새 자전거를 사려면 하루 종일 매장을 돌며 가격을 비교해야 했습니다. 이처럼 정보를 찾기 위해 드는 시간과 노력을 경제학에서는 '검색 비용(Search Cost)'이라고 불러요. 하지만 지금은 클릭 몇 번이면 끝입니다. 새 상품은 가격 비교 사이트에서 쇼핑몰별 시세를 확인하고, 중고품은 중고 거래 앱에서 지역별 가격까지 볼 수 있지요.

흥미로운 건, 검색 비용이 줄면서 생활 습관까지 바뀌었다는 거예요. 요즘은 친구들끼리 "치킨 먹자."라는 말이 나오면 바로 배달 앱을 켜요. 수십 개 가게를 비교하면서 할인 쿠폰, 배달 시간, 리뷰 평점을 꼼꼼히 따진 뒤 결정하지요. 점점 더 다양해져가는 정보를 기반으로 가장 만족스러운 선택을 하는 겁니다.

소비자의 검색 비용이 줄어들면서, 가게 주인을 비롯한 상품 공급자들은 가격 경쟁을 하게 되기도 합니다.

또 검색 비용이 높을 때에 비해, 브랜드 선호도가 좀더 광범위해져가는 효과도 생깁니다. 여러 제품을 비교하는 데 시간과 비용이 많이 들 때는 다수가 선택하는 대기업 상품을 선호하게 되지만, 검색 비용이 낮아지면서 소비자는 다양한 기업의 상품을 쉽게 비교할 수 있으니까요. 또 브랜드 인지도나 가격에 비해 품질이 좋지 않은 제품을 좀더 수월하게 걸러낼 수 있는 효과도 기대할 수 있어요.

그래서 검색 비용의 절감은 부지런한 소비자와 좋은 제품을 만들어내는 생산자가 만나는 기회를 제공하기도 합니다.

가성비와 가심비, 그리고 숨겨진 정보의 함정

요즘 소비자들은 단순히 '싸다'는 이유만으로 물건을 고르지 않습니다. 어떤 사람은 가격 대비 성능을 중시하는 가성비, 또 어떤 사람은 조금 더 비싸더라도 마음의 만족을 중시하는 가심비를 따져요.

예를 들어, 같은 아이스크림을 사더라도 편의점 1+1 행사를 노려 두 개를 사는 건 가성비 소비입니다. 반대로 조금 더 비싸더라도 예쁜 카페에서 특별한 토핑이 올라간 디저트를 먹으며 사진을 찍는 건 가심비 소비지요. 게임에서도 꼭 필요한 기본 무기를 할인 이벤트로 사는 건 가성비, 굳이 성능 차이가 없는데도 캐릭터 한정판 무기를 사는 건 가심비를 따진 소비예요. 취미도 마찬가지입니다. 기타를 배우는 학생이 연습용으로 가격에 비해 성능이 좋은 기본 모델을 고른다면 가성비 소비지만, 좋아하는 밴드 로고가 새겨진 특별 모델을 택한다면 가심비 소비가 되는 거죠.

결국 우리는 어떤 날은 효율을, 또 어떤 날은 만족을 더 중시하며 가성비와 가심비 사이를 오가게 됩니다. 정보의 홍수 속에 살면서 어떤 상황에서는 가성비를, 또 다른 순간에는 가심비를 택하며 소비 기준을 바꿔가는 게 자연스러운 모습이 된 거죠.

그런데 여기에는 함정도 있습니다. 앞에서 살펴본 '정보의 비대칭성' 문제가 다시 등장하기 때문이에요. 판매자와 구매자가 가진 정보가 달라서 거래가 불공정해지는 경우죠.

예를 들어, 가격도 괜찮고 분위기도 좋아 보이는 음식점을 찾기 위해 리뷰를 살펴본다고 해볼게요. "양도 많고 맛도 좋아요!", "분위기가 진짜 좋아요."처럼 가성비와 가심비를 모두 만족시킬 것 같은 글이 가득하면 기대가 커지죠. 그런데 막상 가보면 음식의 양도 평범하고 분위기도 리뷰에서 본 것만큼 특별하지 않을 때가 있어요. 알고 보니 많은 리뷰가 이벤트 참여를 위해 작성된 것이어서 실제 경험과 차이가 난 거예요.

우리는 정보의 비대칭성을 해결하고자 다른 구매자의 리뷰를 참고하지만, 어떤 때는 리뷰가 새로운 정보의 비대칭성을 만들어낼 수 있다는 점도 기억해야 합니다.

평판과 신호가 소비를 바꾼다

정보가 많아도 믿을 만해야 의미가 있습니다. 온라인 쇼핑몰에서 별점만 믿고 주문했다가 실망한 경험, 누구나 있지요. 그래서 요즘은 별점보다 사진이 포함된 후기나 실제 사용 영상을 꼼꼼히 보는 사람들이 많습니다.

특히 음식점 선택에서 이런 경향이 뚜렷해요. 배달 앱에서 별점이 높아도, 사진 후기에서 "양이 적다.", "배달이 늦다."라는 말이 보이면 망설이게 되고, 반대로 "사진보다 더 푸짐하다."라는 평가가 많으면 안심하고 주문하게 되지요. 전자제품 역시 광고에서는 장점만 강조하지만, 실제 사용자의 리뷰에서는 "배터리가 빨리 닳는다.", "A/S가 불편하다." 같은 단점까지 드러나 소비자의 판단을 돕습니다.

이런 과정을 경제학에서는 '평판 메커니즘(Reputation Mechanism)'이라고 불러요. 소비자들의 경험이 쌓이면 좋은 제품은 더 주목받고, 품질이 떨어지는 상품은 자연스럽게 외면당하는 거죠. 여기에 '신호 효과(Signaling Effect)'도 작용합니다. 광고보다 인플루언서 후기, SNS 인증샷, 유튜브 언박싱 영상 같은 '신호'가 소비자에게 더 큰 신뢰를 주는 거예요. 예를 들어, 신발 광고보다 내가 팔로우하는 아이돌이나 운동선수가 직접 그 신발을 신고 나오는 게 훨씬 더 강력한 신호가 됩니다. 또 음식점의 경우, "방송에 나왔어요!"라는 문구보다 가게 앞에 늘어선 긴 줄이 더 확실한 신호가 되지요.

검색 비용이 줄어들수록 평판의 힘은 더 커집니다. 소비자는 짧은 시간 안에 많은 정보를 비교할 수 있고, 그중에서도 리뷰나 후기처럼 다른 사람의 경험이 담긴 평판 정보를 더 중요하게 살피게 되지요. 판매자 역시 가격 경쟁만으로는 선택받기 어려워져, 믿을 수 있는 평판과 신호를 만드는 일에 더 신경 쓰게 됩니다.

 # 검색 비용 물건을 살 때 우리는 지갑에서 돈만 꺼내는 게 아닙니다. 나에게 딱 맞는 물건, 더 저렴한 가격을 찾기 위해 들이는 시간과 노력도 일종의 비용인데, 이를 '검색 비용'이라고 합니다. 여러 쇼핑몰을 비교하거나 맛집 후기를 찾아보는 시간이 모두 여기에 해당하죠. 인터넷 덕분에 검색 비용이 예전보다 확 줄어들긴 했지만, 정보가 너무 쏟아져서 선택이 어려워지는 것도 새로운 비용이 될 수 있습니다.

 # 평판 메커니즘 평판 메커니즘은 후기와 평판이 소비자의 선택을 바꾸는 과정을 말합니다. 새로운 식당을 찾을 때 광고 문구보다 리뷰 사이트의 별점, 블로그 사진, 인스타그램 인증샷을 더 믿게 되는 게 대표적인 예지요. 이렇게 소비자들의 경험이 쌓이면 좋은 제품과 서비스는 더 주목받고, 품질이 떨어지는 상품은 자연스럽게 외면당합니다. 평판은 기업에게는 살아남기 위한 경쟁의 압력이고, 소비자에게는 똑똑하게 선택할 수 있는 힘이 됩니다.

 # 신호 효과 신호 효과는 소비자가 단순한 광고보다 믿을 만한 신호를 더 신뢰하는 현상을 말해요. 예를 들어, 어떤 학원에서 "우리 학원은 명문대 합격생이 많다."라고 직접 광고하는 것보다, 실제 합격생이 교복을 입고 후기 영상을 찍어주는 게 훨씬 더 설득력이 있지요. 광고는 기업이 만든 말이지만, 신호는 경험자가 남긴 흔적이라 더 신뢰할 수 있기 때문이에요. 일상에서도 이런 사례는 흔해요. 유명 유튜버의 언박싱 영상, 인스타그램의 '인증샷', 틱톡에서 퍼지는 사용 후기 같은 게 다 신호 효과의 예지요.

피그말리온 효과,
소비에도 통할까?

옛날 그리스 신화에 피그말리온이라는 조각가가 있었어요. 그는 자기 손으로 만든 여인 조각상을 너무 사랑한 나머지, 신에게 간절히 기도했지요. 그러자 기적처럼 조각상이 진짜 사람으로 변했다고 해요. 강한 믿음과 기대가 현실을 바꾼다는 이 이야기는 훗날 심리학 용어인 '피그말리온 효과(Pygmalion Effect)'의 뿌리가 되었습니다.

심리학에서는 실제로 이런 일이 실험으로도 확인됐어요. 어느 연구자가 교사들에게 무작위로 뽑은 학생들의 명단을 건네며, "이 아이들은 앞으로 성적이 크게 오를 겁니다."라고 귀띔해주었죠. 그런데 놀랍게도, 시간이 지난 뒤 그 학생들의 성적이 정말로 눈에 띄게 향상된 겁니다. 교사의 긍정적인 기대가 학생의 성과에 결정적인 영향을 준 것이죠.

그렇다면 심리학에서 말하는 피그말리온 효과가 우리 지갑이 열리는 순간에도 작동할까요? 정답은 '그렇다.'입니다. 경제학, 특히 마케팅 분야에서는 이것을 아주 흥미롭게 해석해요. 기업이 우리에게 "당신은 이런 사람이야."라고 라벨을 붙여주면, 소비자가 정말 그 라벨에 어울리는 사람처럼 행동하게 되는 마법 같은 현상이죠.

명품 시계 광고를 예로 들어볼까요? 광고는 은밀하게 속삭입니다. "이 시계는 상위 1%의 성공한 당신만을 위한 것입니다."라고요. 처음엔 그냥 광고라고 생각하다가도, 이 메시지를 계속 접하면 소비자는 무의식중에 '그래, 이 시계를 차면 나도 성공한 사람이 되는 거야.'라고 믿게 됩니다. 이제 비싼 가격은 문제가 아니에요. 오히려 비쌀수록 내가 더 특별해진다고 느끼죠. 결국 소비자가 스스로 그 브랜드의 가치를 증명해주는 셈이 되고, 그 상품은 가격을 더 올려도 불티나게 팔리는 상황이 벌어집니다.

스포츠 브랜드도 마찬가지예요. 세계적인 선수가 땀 흘리는 장면을 담은 광고에 "한계를 넘어서라."라는 문구가 나옵니다. 이 운동화를 신으면 나도 모르게 왠지 더 빨리 달릴 수 있을 것 같고, 어제의 나보다 더 열정적인 사람이 된 것 같은 기분이 들죠. 기업은 소비자를 '특별한 존재'나 '도전하는 사람'으로 치켜세우고, 소비자는 그 기대에 부응하기 위해 기꺼이 지갑을 엽니다. 엄밀히 말하면 우리는 운동화를 산 게 아니라, '도전하는 나'라는 자신감과 이미지를 산 것입니다.

그렇다면 똑똑한 소비자는 이 상황에서 어떻게 해야 할까요? 기업이 건 주문에 완전히 홀려버리면 곤란해요. 광고가 주는 긍정적인 최면을 즐기되, 주객이 전도되지 않도록 중심을 딱 잡아야 합니다. '이 물건이 나를 멋지게 만들어 줄 거야.'라는 환상에 빠져 무턱대고 소비하기보다는 내 일상에 적절한 동기 부여를 해줄 만큼만 그 이미지를 활용하는 게 좋습니다.

현명한 소비란 나만의 기준을 가지고 상품의 진짜 가치를 찾아내는 과정입니다. 진짜 멋진 '나'는 비싼 물건이 만드는 게 아니라, 주체적으로 선택하는 태도에서 나오니까요.

04

소비가 세상을 바꿀 수 있을까?

카페에서 음료를 주문했는데 점원이 "텀블러 가져오셨어요?"라고 묻는 순간, 집에 있는 텀블러가 떠올라 괜히 찔렸던 적 있지 않나요? 또 인터넷에서 어떤 브랜드가 환경을 심하게 파괴한다는 기사를 본 뒤, 평소에 좋아하던 제품인데도 다시 사기가 망설여졌던 적도 있을 거예요. 반대로 윤리적 경영을 한다고 알려진 기업의 상품은 한번 더 돌아보게 되지요. 이렇게 일상에서 접하는 소소한 정보들은 우리에게 의미 있는 질문을 던집니다. 내가 지갑을 열 때의 선택이 과연 세상에 어떤 영향을 주는 걸까? 이 물음이 바로 똑똑한 소비의 마지막 퍼즐이에요.

작은 선택이 기업을 움직인다

기업은 소비자의 행동에 아주 민감합니다. 아무리 기술력이 좋아도 물건이 팔리지 않으면 버틸 수 없으니까요. 요즘 배달 앱에서 일회용 수저나 포크를 필요한 경우에만 선택하도록 한 것도 그런 변화 가운데 하나입니다. 예전에는 자동으로 함께 오던 물품이었지만, 환경을 생각하는 소비자가 늘어나면서 기업은 선택권을 소비자에게 돌려주었습니다. 그 결과 꼭 필요한 사람만 일회용품을 받게 되었고, 불필요한 쓰레기도 줄어들게 되었지요.

청소년들이 즐겨 찾는 화장품이나 패션 브랜드도 예외가 아니에요. 동물 실험을 하지 않는 화장품, 버려진 페트병을 재활용해 만든 운동화, 다양한 인종과 성별을 모델로 세운 광고들. 이런 건 단순히 멋 부리기용이 아니라, 소비자들이 원하는 가치를 반영한 신호예요. 경제학적으로는 시장의 수요 변화에 기업이 반응하는 과정이죠. 결국 우리가 어떤 제품을 선택하고 외면하는지가 기업의 생존을 좌우합니다. 내가 소비하는 순간, 기업의 방향도 달라지는 거예요.

내 지갑에서 시작된 외부효과

소비는 나만 만족하고 끝나는 행동처럼 보이지만, 실제로는 내가 한 선택이 다른 사람에게 예상하지 못한 영향을 주는 경우가 있어요. 경제학에서는 이렇게 한 사람의 소비나 행동이 제3자에게 이익이나 손해를 주는데도 그에 대한 대가를 지불하지 않게 되는 상황을 외부효과라고 불러요.

예를 들어, 전기차를 산 사람은 연료비를 아끼는 동시에 도심의 공기를 맑게 만듭니다. 이 덕분에 다른 사람들이 더 깨끗한 공기를 마시고 건강을 지킬 수 있는데, 이런 예상치 못한 혜택을 긍정적 외부효과라고 불러요. 반대로, 일회용 플라스틱 컵을 계속 쓰면 내 편리함 때문에 바다에 쓰레기가 쌓이고, 정화 비용은 세금으로 사회 전체가 부담하게 됩니다. 이는 부정적 외부효과의 사례이지요.

사실 외부효과는 단순히 개인의 소비를 넘어 시장 실패의 대표적인 원인으로 꼽히기도 합니다. 매년 수많은 인파가 몰리는 불꽃 축제를 떠올려볼까요? 축제를 찾은 사람들은 아름다운 광경을 보며 즐거운 시간을 보냅니다. 하지만 사람들이 떠난 뒤 거리에 수북이 쌓인 쓰레기 때문에 인근 주민들은 불쾌감을 느끼고, 이를 치우기 위해 구청에서는 막대한 세금을 써야 합니다. 축제에 참여한 사람들은 즐거움이라는 혜택만 챙겼을 뿐, 그로 인해 발생한 환경 오염이나 주민들이 겪는 고통에 대해서는 직접적인 비용을 치르지 않습니다. 나의 행동이 타인에게 피해를 줬는데도, 시장에서는 "피해를 준 만큼 돈을 더 내세요."라고 하지 않는 것이죠. 이것이 바로 가격 기능이 제대로 작동하지 않은 시장 실패의 모습입니다.

일상에서도 외부효과는 쉽게 발견됩니다. 시험 기간에 밤늦게 음악을 크게 틀면 본인은 즐겁지만, 옆집 학생에게는 공부에 방해가 되는 소음이 됩니다. 반대로, 매일 강아지를 산책시키는 주민 덕분에 어떤 이웃은 귀여운 모습을 보고 웃음을 짓고, 또 다른 이웃은 인사를 나누며 정겨움을 느낍니다. 이렇게 나의 행동이 의도치 않게 다른 사람에게 손해를 끼치거나 이득을 주면서도 비용이나 대가가 지불되지 않는 것, 그 모두가 외부효과예요.

외부효과는 나의 행동이 타인에게 어떤 영향을 주는지 눈에 잘 보이지 않기 때문에, 시장 안에서 스스로 조절되기 어려워요. 그래서 외부효과가 커지면 시장이 제 기능을 하지 못하는 시장 실패로 이어질 수 있어요. 이를 막으려면, 문제를 만든 사람이 그만큼의 책임을 지거나, 모두에게 도움이 되는 행동에는 사회가 보상해주는 방식이 필요해요. 또 소비자 스스로도 자신의 선택이 주변에 어떤 영향을 미칠지 생각해보는 태도가 중요해요.

윤리적 소비, 세상을 바꾸는 힘

작은 행동이 모이면 거대한 사회적 흐름이 됩니다. 불매 운동이 대표적이죠. 몇 년 전 한 글로벌 브랜드가 인권 문제로 비판을 받았을 때, 전 세계 소비자들이 "사지 않겠다."라는 뜻을 밝혔습니다. 결국 회사는 사과문을 내고 정책을 바꿀 수밖에 없었어요. 청소년들도 해시태그 운동이나 패러디 콘텐츠로 참여하며 목소리를 내고 있습니다.

반대로, 공정무역 초콜릿이나 커피를 사는 건 조금 더 비싸더라도 개발도상국 농부들에게 정당한 대가를 돌려주고, 지속 가능한 생산을 돕는 소비입니다. 또 친환경 소재로 만든 가방을 사거나, 공연장에서 일회용 야광봉 대신 재사용 가능한 응원봉을 고르는 것도 마찬가지예요. 이런 선택은 단순히 나를 위한 소비를 넘어, 사회와 지구를 위한 참여가 됩니다.

경제학에서는 이런 흐름을 '윤리적 소비(Ethical Consumption)'라고 불러요. 윤리적 소비란 물건을 살 때 단순히 가격이나 성능만 보는 게 아니라, 환경 보호, 인권 존중, 사회적 책임까지 함께 생각하는 소비를 말해요.

이러한 윤리적 소비는 긍정적 외부효과를 낳기도 합니다. 또한, 윤리적 소비가 모이면 결국 '지속 가능한 소비'로 이어집니다. 윤리적 소비가 현재의 사회적·환경적 가치를 지키는 선택이라면, 지속 가능한 소비는 거기에 한 발 더 나아가 미래 세대까지 고려하는 소비예요.

최근에는 청소년들 사이에서도 중고거래 앱을 통한 리셀·재사용 문화가 확산되고 있습니다. 이는 자원을 아끼고 쓰레기를 줄이는 새로운 방식의 윤리적 소비라고 볼 수 있지요. 또 일부 친구들은 배달 음식을 주문할 때 '다시 쓰는 용기 옵션'을 선택해 일회용 쓰레기를 줄이기도 합니다. 이런 소비가 쌓여야 지구의 자원이 고갈되지 않고, 다음 세대도 함께 살아갈 수 있어요.

하지만 여기서 주의해야 할 점도 있어요. 어떤 기업은 전혀 환경을 생각하지 않으면서 교묘하게 '친환경'을 내세우는 경우가 있습니다. 예를 들어, 플라스틱 생수병에 초록빛 나뭇잎 그림과 '에코(eco)'라는 글자를 붙여 마치 환경에 좋은 제품처럼 보이게 하지만, 사실상 일반 플라스틱일 뿐일 때가 있어요. 실제로는 전체 제품의 1%만 재활용품을 쓰면서 '재활용 원단을 사용한 에코 의류'라는 걸 전면에 내세우는 패션 브랜드도 있지요.

이런 현상을 경제학에서는 그린워싱(greenwashing)이라고 부릅니다. 이는 친환경을 뜻하는 'green'과 세탁을 뜻하는 'whitewashing'의 합성어입니다. 즉, 환경에 대한 소비자들의 관심이 높아진다는 점에 착안해, 실제와는 다르게 친환경 이미지를 활용하는 걸 뜻하죠. 그래서 요즘 똑똑한 소비자들은 기업이 내세우는 '친환경 이미지'가 진짜인지 꼼꼼히 따져 보는 습관을 들입니다. 제품에 붙은 친환경 인증 마크가 공신력 있는 기관에서 발급된 것인지, 기업이 실제로 환경 보고서를 공개하는지 확인하는 것이죠. 진짜 친환경 제품과 그린워싱을 구분할 줄 아는 안목도 현대 소비자들의 중요한 능력이 된 거예요.

소비자들이 똑똑해질수록, 시장의 배분이 공정해지고, 더 나아가 지구 환경도 더 나아질 수 있다는 점을 기억합시다.

 # 외부효과 도로 위 자동차들이 내뿜는 매연, 집주인의 수고로 예쁘게 꾸며진 정원, 이런 것들은 모두 누군가의 행동이 본인의 의도와는 상관없이 다른 사람에게 영향을 주는 모습이에요. 경제학에서는 이런 현상을 '외부효과' 또는 '외부성'이라고 부릅니다.

 # 부정적 외부효과 누군가의 행동이 다른 사람에게 원치 않는 피해를 주는데도 그 비용을 직접 내지 않는 상황이에요. 예를 들어, 자취방 위층에 사는 사람이 밤마다 덤벨 운동을 하면 본인은 운동 효과를 얻지만, 아래층 학생은 층간소음 때문에 숙면을 방해받을 수 있어요. 운동하는 사람은 피해 비용을 부담하지 않지만, 그에 따른 손해를 다른 사람이 떠안게 되는 셈이죠. 이런 구조가 반복되면 문제가 커지고, 시장은 이런 피해를 스스로 조절하지 못해요.

 # 긍정적 외부효과 어떤 사람이 한 행동이 주변 사람에게 예상치 못한 이익을 주지만, 그 사람이 그 보상을 받지 못하는 상황이에요. 누군가 환경을 생각해 일회용 컵 대신 텀블러를 사용하거나, 친환경 세제를 산다면 쓰레기와 오염이 줄어들어 동네가 깨끗해지고, 공기도 맑아져서 이웃 사람들까지 더 쾌적한 환경을 누리게 됩니다. 그 소비자는 그저 필요한 물건을 샀을 뿐인데 사회 전체가 이득을 본 거예요. 그렇다고 해서 누군가 그 사람에게 공기를 맑게 해줘서 고맙다는 의미로 보상을 지불해주지는 않지요. 이렇게 대가 없이 남에게 좋은 영향을 퍼뜨리는 것, 이것이 바로 긍정적 외부효과입니다.

지구를 위한 소비,
괜찮은 '플렉스'일까?

요즘 친구들 사이에서 '플렉스'라는 말 자주 쓰지 않나요? 새 휴대폰을 샀다거나, 비싼 브랜드 옷을 입었을 때 "이게 바로 플렉스지!" 하면서 자랑하곤 하지요. 그런데 요즘은 조금 다른 모습의 플렉스가 주목받고 있어요. 바로 지구를 위한 소비, 즉 '가치 있는 플렉스'예요.

최근 패션 업계에서는 업사이클링(upcycling)이 큰 흐름으로 자리 잡고 있습니다. 버려진 페트병을 잘게 잘라 섬유로 뽑아 운동화를 만들거나, 판매되지 못한 재고 의류를 다시 디자인해 새로운 제품으로 내놓는 거예요. 이런 제품들은 일반 제품보다 가격이 조금 비싼 경우가 많습니다. 그래서 어떤 사람들은 "굳이 비싸게 살 필요가 있을까?"라고 묻기도 하지요. 하지만 다른 쪽에서는 "이런 소비야말로 진짜 멋지고 의미 있는 플렉스다."라고 말합니다. 단순히 환경을 지킨다는 의미뿐 아니라, '세상에 단 하나뿐인 특별한 제품'이라는 매력 덕분에 청소년들 사이에서도 관심이 높아지고 있어요. 유명 브랜드들이 앞다투어 업사이클링 제품을 출시하는 건, 소비자들이 이런 '멋진 플렉스'를 원한다는 신호이기도 하지요.

매년 6월 5일, '세계 환경의 날'에는 곳곳에서 다양한 친환경 캠페인이 열려요. 학교나 지역사회에서는 나무 심기, 쓰레기 줄이기 챌린지, 플라스틱 없는 하루 보내기 같은 활동이 진행되기도 하고, 전시회나 체험 부스에서는 재활용품으로 새 물건을 만드는 업사이클링 체험도 열립니다. 이런 행사에 직접 참여한 청소년들은 소비가 세상을 바꿀 수 있다는 사실을 한층 더 깊이 느낄 수 있습니다.

지구를 위한 소비는 단순한 환경 운동이 아니라, 새로운 방식의 플렉스로 자리 잡아 가고 있습니다. 우리가 어떤 소비를 하느냐에 따라 지구의 미래가 달라질 수 있다는 사실, 그것만으로도 충분히 멋진 자랑거리가 되지 않을까요?

비싼 명품을 구매하는 건 누구를 위한 일일까요?

과시 소비 이론

19세기 말, 미국에는 갑자기 부자가 된 사람들이 많아졌습니다. 철강, 석유, 기차 산업 덕분이었죠. 그런데 이들은 돈을 쌓아두는 대신, 화려한 저택을 짓고, 값비싼 말과 보석을 뽐내는 데 열중했어요. 이를 본 경제학자 소스타인 베블런은 이런 소비를 가리켜 '과시 소비(Conspicuous Consumption)'라고 정의 내렸습니다.

과시 소비란 말 그대로 '남들에게 보여주기 위한 소비'예요. 베블런은 소비가 단순히 나를 만족시키는 행위가 아니라, 다른 사람에게 신호를 보내는 언어라고 했어요. 내가 어떤 옷을 입고, 어떤 물건을 들고, 어떤 공간에 가느냐가 곧 "나 이런 삶을 살고 있어."라는 메시지가 되는 거죠.

이 개념을 떠올리면 동화 「벌거벗은 임금님」이 생각나요. 임금님은 진짜 좋은 옷이 필요했던 게 아니었어요. 백성들에게 자신이 특별한 존재임을 드러내고 싶었던 거죠. 결국 아무 옷도 안 입고도 잘난 척을 했던

건, 보여주기에 집착한 과시 소비의 대표적인 모습이었던 셈이에요.

그럼 현대에는 이런 일이 벌어지지 않을까요? 과시 소비는 오히려 SNS 시대에 더 강해졌습니다. 인스타그램이나 틱톡, 유튜브를 열어보면 금세 확인할 수 있죠. 어떤 친구는 카페에서 6000원짜리 라떼 대신 1만 2000원짜리 한정 메뉴를 시켜서 '#오늘도갓생 #힙한카페'라는 해시태그를 달고 인증샷을 올립니다. 또 다른 친구는 아이돌 콘서트 티켓을 손에 들고 찍은 사진을 올리며 '성공한 덕후'라 자랑합니다. 사실 공연을 보는 것만큼이나, '이 티켓을 가졌다.'라는 사실을 보여주는 게 더 중요한 순간이 되는 거예요.

비슷한 장면은 학교에서도 볼 수 있습니다. 스트리트 패션 브랜드에서 어렵게 구한 후드티를 입고 교실에 들어온 친구는 단번에 시선을 끕니다. "저건 구하기 힘든 거잖아."라는 말이 절로 나오고, 그 순간 그 옷은 단순한 패션이 아니라 '힙하다.'라는 신호가 됩니다.

바로 이 장면이, 베블런이 말한 과시 소비가 21세기형으로 진화한 모습이라고 할 수 있습니다.

그렇다면 질문 하나 해볼게요. 우리는 세상에 어떤 신호를 보내고 싶

을까요? 단순히 "나 돈 많아."라는 신호일까요, 아니면 "나는 나답게 살고 싶어."라는 신호일까요?

지금 우리의 소비 행동을 베블런이 본다면, SNS 속 '플렉스'가 순간 멋져 보일 수는 있지만, 결국 진짜 멋은 내 소비가 어떤 가치를 담고 있느냐에 달려 있다고 조언해줄지 모릅니다. 소비는 돈을 쓰는 행위에서 끝나지 않아요. 나를 표현하고, 세상과 소통하며, 때로는 변화를 만드는 힘 있는 언어가 될 수 있습니다.

소스타인 베블런(1857~1929)

미국의 경제학자이자 사회학자인 베블런은 인간의 경제 행위가 합리적 계산보다는 사회적 관습과 제도에 의해 결정된다고 주장하며 제도경제학의 지평을 연 인물이에요. 그는 저서 『유한계급론』을 통해 상류층이 자신의 사회적 지위를 증명하기 위해 값비싼 물건을 소비하는 '과시적 소비' 행태를 날카롭게 비판했죠. 일반적으로 가격이 오르면 수요가 줄어든다는 수요 법칙과 달리, 가격이 오를수록 과시욕 때문에 수요가 오히려 증가하는 현상은 그의 이름을 따 '베블런 효과'라고 불리고 있어요.

3장

정부는 왜 우리 돈을 걷고, 쓰고, 돌려줄까?

01

세금은 왜 내야 할까?

하루에도 몇 번씩, 우리는 세금을 내고 있어요. 편의점에서 삼각김밥을 살 때, 버스를 타고 집으로 돌아올 때, 배달앱으로 치킨을 주문할 때, 우리가 의식하지 않더라도 각각 세금을 물고 있죠. 가격표에는 나오지 않지만, 물건값과 배달비에는 부가가치세가 포함되고, 버스 요금에는 연료비에 붙는 세금이 반영돼요. 우리가 소비할 때마다, 보이지 않게 나라의 살림에 기여하고 있는 셈이지요. 정부는 이런 세금을 모아 도로를 닦고, 학교를 짓고, 때로는 경기 침체를 막기 위해 돈을 써요. 나라 살림을 관리하는 곳이면서 나라의 경제를 움직이는 큰 손이 바로 정부니까요. 우리가 낸 세금이 어떤 역할을 하는지, 또 정부의 재정 정책이 우리 삶에 어떤 영향을 미치는지 알아봅시다.

아침 일찍, 엄마는 자신이 운영하는 동네 카페 문을 엽니다. 전날 팔린 커피와 디저트 매출을 정리하고, 새로 들여온 원두와 우유, 시럽 비용을 확인하지요. 하루 동안 커피를 팔아 벌어들인 금액이 수입, 가게를 유지하는 데 들어간 재료비와 임대료, 전기요금 같은 지출이 비용이에요. 이 수입에서 비용을 뺀 남은 금액이 바로 소득입니다. 엄마는 이 소득에 대해 소득세를 냅니다. 소득이 많을수록 세율이 높아지는 누진세 구조라서, 장사가 잘되는 해에는 그만큼 많은 세금을 내게 되지요.

아빠는 회사로 출근해 월급을 받습니다. 회사에서 받는 월급은 세법상 근로소득으로 분류되고, 그에 따라 근로소득세가 부과돼요. 아빠가 다니는 회사도 이익이 나면 법인세를 내지요. 이렇게 개인도, 회사도 각자의 방식으로 세금을 납부하며 나라 살림에 필요한 돈을 함께 부담합니다.

저녁에 가족이 함께 마트에 들렀다고 해볼까요? 만 원짜리 쿠키 세트를 계산대에 올리면 영수증엔 '부가가치세 10% 포함'이라는 문구가 적혀 있을 거예요. 이처럼 부가가치세는 물건이나 서비스를 살 때 가격 안에 포함되어 함께 내는 세금이에요. 예를 들어 쿠키 값이 1만 원이라면 그중 9090원이 실제 가격이고 나머지 910원이 바로 부가가치세죠. 반면 쌀, 채소, 수도, 의료처럼 기본생활과 관련된 품목에는 부가가치세가 면제되거나 매우 낮게 적용돼요.

집으로 돌아가는 길, 새로 조성 중인 동네 공원을 지나칠 때가 있어요. 놀이터를 고치거나 낡은 길을 다시 포장하는 데에는 재산세가 쓰이고 있어요. 재산세는 토지나 주택, 건물 같은 재산에 부과되는 세금으로, 이렇게 걷힌 세금은 지역 주민들이 더 안전하고 편리하게 생활할 수 있도록 다양한 공공시설을 만드는 데 활용되죠.

어느 날, 부모님이 "할아버지께서 시골집을 물려주셨어."라고 말씀하실 수도 있어요. 이렇게 재산을 물려받는 상황에서는 상속세가 붙습니다. 살아 계신 부모님이나 조부모님에게 일정 금액 이상의 재산을 선물로 받을 때는 증여세를 내야 하지요. 다만 법에서는 자녀에게 일정 금액까지는 세금을 내지 않아도 되도록 기준을 정해두었어요. 예를 들어 성인은 5000만 원, 미성년자는 2000만 원 이하의 증여는 세금을 내지 않아도 됩니다.

우리의 일상에는 이 밖에도 휘발유를 넣을 때 붙는 유류세, 귀금속이나 자동차를 살 때 내는 개별소비세, 술값에 포함된 주세처럼 다양한 세금이 숨어 있어요.

세금은 국가의 유일한 수입원일까?

커피 한 잔을 사도, 월급을 받아도, 집을 물려받아도 세금이 따라붙는 이유는 무엇일까요? 세금 말고는 국가가 돈을 마련할 방법이 없는 걸까요? 사실 국가가 생겨난 시기부터 세금은 늘 함께 존재해왔어요. 이는 세금이 국가라는 조직이 제대로 움직이게 만드는 핵심 기반이라는 뜻이기도 합니다.

예전 나라들은 지금처럼 복잡한 세금 제도를 갖추지 못해 다른 방식으로 필요한 자금을 마련하기도 했어요. 왕이 전쟁에서 이긴 뒤 전리품을 가져오거나, 다른 나라로부터 조공을 받아 국고를 채우는 방식도 있었죠. 중세 유럽에서는 왕이 땅을 귀족들에게 나누어 주고, 귀족들은 그 대가로 군대를 보내 왕의 전쟁을 도왔어요. 세금이라는 형식을 띠지 않을 때도 결국 통치에 필요한 자원을 백성에게서 모아 쓰는 구조였던 셈이에요.

현대 국가도 세금 외에 돈을 마련하는 방법이 아예 없는 것은 아니에요. 예를 들어 예산이 모자랄 때 국채를 발행해 돈을 빌려 쓰거나, 국가가 운영하는 공기업의 이익을 수입으로 활용할 수도 있어요. 석유나 천연가스를 팔아 큰 돈을 버는 산유국들도 있지요. 하지만 이런 수입은 경기 변화나 국제 가격에 크게 좌우되고, 빚을 내는 방식은 언젠가 반드시 갚아야 하는 부담이 따릅니다. 따라서 오래도록 안정적으로 사용할 수 있는 재원으로는 한계가 분명합니다.

그래서 결국 국가의 운영은 세금에 의존할 수밖에 없어요. 세금은 경기에 따라 조금의 차이는 있지만 꾸준히 걷히고, 국가가 계획적으로 지출할 수 있도록 도와주는 가장 안정적인 재원이에요. 우리가 내는 소득세, 부가가치세, 재산세처럼 다양한 세금이 모여 학교를 짓고, 길을 정비하고, 경찰과 소방관의 월급을 지급하며, 의료·돌봄·복지 같은 서비스를 제공할 수 있는 기반이 돼요. 이처럼 세금은 가장 중요한 국가의 수입원이자 우리 모두가 함께 살아가기 위해 필요한 최소한의 공동 기금이라고 볼 수 있어요.

즉, 나라 살림을 이끄는 데 꾸준한 비용이 들어가기에 지속가능한 재정이 필요하고, 그 역할을 가장 잘 해내는 것이 바로 세금이에요. 그래서 우리는 일상에서 여러 형태로 세금을 내고 있고, 이렇게 모인 세금은 다시 사회 곳곳을 움직이며 우리의 생활을 지탱하는 힘이 됩니다.

세금을 통해 정해지는 정부의 재정

세금은 한쪽에서 사라지는 돈이 아니에요. 한 번 돌고, 또다시 돌아오는 순환 구조의 돈이에요. 정부가 운영하는 한 해의 살림살이를 '재정(財政)'이라고 부르는데, 세금을 걷은 뒤 그 돈을 여러 곳에 쓰는 걸 말하지요. 이때 세금으로 얻은 수입이 지출보다 많으면 재정 흑자, 반대로 쓴 돈이 더 많으면 재정 적자라고 해요.

재정 흑자는 겉보기엔 나라 살림이 튼튼하다는 뜻처럼 보이지만, 사실은 정부가 필요 이상으로 세금을 많이 걷었다는 뜻일 수도 있어요. 그만큼 국민이 낸 돈이 제때 쓰이지 못하고 묶여 있는 거니까요.

반대로 재정 적자는 건은 세금보다 돈을 더 썼다는 의미예요. 이건 나라 살림이 좋지 않다는 뜻일 수도 있지만, 정부가 빚을 내서라도 경제를 살리거나 복지를 확대한 결과일 수도 있지요.

결국 중요한 건 흑자냐 적자냐가 아니라, 언제 어떤 이유로 돈을 쓰느냐예요. 정부는 그때그때의 경제 상황에 따라 지출을 조절하며 나라의 균형을 잡아야 해요.

정부도 돈을 빌릴 수 있을까?

세금은 국가의 가장 중요한 수입원이지만, 이것만으로 모든 지출을 감당하기 어려울 때가 많아요. 써야 할 돈에 비해 세수가 부족한 재정 적자 상황에서 정부가 선택하는 대표적인 방법이 바로 국채 발행입니다.

국채는 쉽게 말해 정부가 발행하는 '차용증'이에요. 정부가 지금 필요한 돈을 마련하기 위해 "앞으로 갚을 테니 돈을 빌려주세요."라고 국민, 금융기관, 기업, 해외 투자자에게 요청하는 방식이지요. 이렇게 발행된 국채가 쌓인 총액이 국가 부채입니다.

그런데 정부가 국채를 발행하는 이유는 단순히 돈이 부족해서만은 아니에요. 국채 발행은 경제를 살리는 재정 정책의 중요한 수단이기도 합니다. 예를 들어 경기가 침체되면 소비와 투자가 줄고, 이는 다시 고용 축소로 이어져 악순환이 생길 수 있어요. 이런 상황에서 정부가 국채를 발행해 일자리 창출, 연구개발, 사회간접 자본 구축 등에 돈을 쓰면 기업과 가계에 새로운 수요가 생기고, 경제 전반에 활력이 돌기 시작합니다. 정부의 지출이 경제의 엔진을 다시 움직이게 하는 역할을 하는 것이죠.

물론 국채를 끝없이 발행할 수는 없어요. 국가 부채가 지나치게 늘어나면 신용등급이 낮아지고, 정부가 돈을 빌릴 때 부담해야 하는 이자도 더 커져 장기적으로 위험해질 수 있기 때문이에요. 그래서 세계 각국은 재정이 감당할 수 있는 범위 안에서 국채를 활용하는 것을 매우 중요하게 여깁니다.

결국 국채는 국가가 필요할 때 보충적으로 사용하는 재원이고, 국가는 기본적으로 세금이라는 안정적인 수입을 중심으로 운영돼요. 세금이 나라 살림의 기둥이라면, 국채는 상황에 따라 부족한 부분을 메우거나 경제를 살리는 데 활용되는 보완적 수단이라고 할 수 있어요. 두 방식이 적절한 비율로 함께 쓰일 때, 국가는 장기적으로 더 안정적이고 건강한 재정을 유지할 수 있습니다.

 # 세금과 요금 세금은 공공의 이익을 위해 걷는 돈이에요. 국민의 소득이나 재산 등 능력에 따라 부담하는 것을 원칙으로 하지만, 그렇다고 해서 세금을 많이 낸 사람이 더 많은 혜택을 받는 것은 아니에요. 세금은 국방, 치안, 교육, 복지처럼 모든 국민이 함께 누리는 공공 서비스를 위해 쓰이기 때문이죠. 또한 세금 납부는 법률에 따라 일정한 요건을 충족한 사람이라면 누구나 따라야 할 의무예요. "나는 경찰 서비스를 받지 않을 거니까 세금 안 낼래요." 라고 할 수는 없습니다. 반면, 요금은 개인이 필요에 따라 사용하는 만큼 내는 돈이에요. 예를 들어 전기요금, 수도요금, 버스 요금처럼 사용량이나 이용 정도에 따라 금액이 달라지죠. 이용하지 않으면 요금을 내지 않아도 되고, 많이 사용하면 더 내야 합니다. 이처럼 세금은 모두를 위한 공공의 비용, 요금은 개인의 사용에 따른 비용이에요.

 # 직접세, 간접세 세금은 납부하는 방식과 주체에 따라 두 가지로 나뉩니다. 직접세는 내가 직접 내는 세금, 간접세는 물건 값 속에 숨어 있는 세금이에요. 예를 들어 아르바이트 급여에서 빠져나가는 소득세는 직접세이고, 편의점에서 음료를 살 때 가격에 포함된 부가가치세는 간접세예요. 직접세는 납세자의 급여에서 빠져나가거나 직접 납부해야 하기 때문에 한눈에 보이지만, 간접세는 물건 값이나 서비스 비용에 포함되는 경우가 대부분이기 때문에, 영수증을 확인하지 않는 이상 인지하지 못하는 경우가 많습니다. 그래서 간접세를 '보이지 않는 세금'이라고 부르기도 합니다.

재정 정책 재정 정책은 정부가 경제를 조절하기 위해 나라의 돈을 어디에 얼마나 쓰고, 또 세금을 어떻게 거둘지를 조정하는 정책이에요. 즉, 정부는 '정부 지출'과 '조세(세금)'라는 두 가지 수단으로 경제의 흐름을 조절합니다. 경기가 침체될 때, 정부는 먼저 지출을 늘립니다. 도로를 새로 포장하고, 공공기관의 인력을 늘리고, 청년 일자리나 소상공인 지원 예산을 확대하죠. 이렇게 정부가 돈을 쓰면 기업과 가계에 돈이 흘러 들어가고, 소비가 늘면서 경제가 다시 움직입니다. 반대로 물가가 너무 오르거나 경제가 과열되면, 정부는 세금을 올리거나 예산을 줄입니다. 예를 들어, 일부 감면 혜택을 축소하거나 불필요한 공공사업을 줄이는 거예요. 이렇게 하면 시중에 도는 돈의 양이 줄어 물가 상승 속도가 완화됩니다. 이처럼 정부 지출은 경제에 돈을 풀어 활력을 주는 역할을 하고, 조세는 돈의 흐름을 조절해 과열을 막는 역할을 합니다.

국채 국채는 정부가 돈이 필요할 때 발행하는 공식적인 빚 문서예요. 개인이 은행에서 돈을 빌리는 것처럼, 정부도 국민이나 금융기관으로부터 돈을 빌릴 수 있는데, 그때 "언제까지 얼마의 이자를 붙여 갚겠다."라는 약속을 담은 증서를 발행하는 거예요. 그런데 국채가 지나치게 늘어나면 문제가 생길 수 있어요. 정부가 빚을 갚기 위해 더 많은 세금을 걷거나, 신용등급이 떨어져 외국에서 돈을 빌릴 때 이자를 더 내야 할 수도 있죠. 그래서 정부는 언제나 '필요한 만큼만 빚을 내고, 꾸준히 갚는 재정 운영'을 중요하게 생각합니다.

청소년도
세금을 내고 있는 걸까?

세금은 왠지 어른들만의 일처럼 느껴지지만, 사실 청소년도 일상에서 적지 않게 세금을 내고 있어요. 세금은 '얼마나 벌었는지, 어떤 재산을 가지고 있는지'를 기준으로 매겨지는 것이지, 나이를 기준으로 하지 않거든요.

편의점에서 음료를 사면 가격에 부가가치세가, 버스를 타면 기름 값에 붙은 각종 세금이 요금에 포함돼 있어요. 이렇게 물건이나 서비스를 살 때 가격에 함께 붙는 세금을 간접세라고 해요.

또 청소년도 소득을 창출하는 경제 활동에 참여하면서 세금을 내게 돼요. 가장 흔한 경우는 아르바이트겠죠. 카페나 분식집에서 일하고 월급을 받을 때 급여명세서를 보면, 작은 금액이라도 소득세가 빠져 있는 것을 볼 수 있어요. 이것을 '원천징수'라고 하는데, 가게가 여러분 대신 세금을 먼저 내놓는 방식이에요. 그 순간부터 여러분도 분명히 근로소득세를 내는 납세자가 되는 거예요.

또, 부모님이나 조부모님이 재산을 물려주거나 큰 금액을 선물하는 경우도 있을 수 있어요. 일정 금액 이하라면 괜찮지만, 그보다 많아지면 상속세나 증여세가 붙을 수 있어요. 미성년자라고 해서 예외는 아니에요. 즉, 소득이 없더라도 내 이름으로 가진 재산이 커지면 세금도 크게 부담할 일이 생길 수 있다는 뜻이죠.

특히 부모님이 여러분 명의의 계좌에 큰돈을 넣어둘 경우, 이 돈이 '증여'로 인정될 수 있어 세금 문제가 발생하기도 해요.

요즘 청소년들 중에는 주식이나 코인 투자를 경험하는 친구들도 있어요. 이 과정에서 이자, 배당, 매매 차익이 생기면 종류에 따라 세금이 부과될 수 있어요.

이렇게 보면 청소년도 이미 작은 경제 주체예요. 물건을 살 때 내는 간접세는 물론이고, 아르바이트 소득이나 상속·증여, 투자 수익처럼 내 이름으로 돈이 움직이는 순간 세금과도 자연스럽게 연결됩니다. 세금은 내가 어떤 경제 활동을 하고 어떤 재산을 가

지고 있는지를 보여주는 기준이에요. 이 원리를 이해하는 순간,
여러분은 사회의 일원으로서 책임과 역할을 함께 나누는 존재로
한 걸음 더 성장하게 되는 거예요.

02

정부는 세금을 어떻게 쓸까?

아침에 학교로 가는 길, 횡단보도의 신호등이 우리를 위해 제때 깜빡이고, 비가 오면 어느새 도로를 청소하는 차량이 바쁘게 움직입니다. 저녁에는 어두운 골목을 환하게 지키는 가로등이 켜지죠. 우리는 가로등이 때가 되면 저절로 켜진다고 생각하기 쉽지만, 사실은 매일 밤 전기를 공급하고 전구를 갈아 끼우는 비용이 계속 발생합니다. 이처럼 세상에 그냥 돌아가는 건 하나도 없어요. 우리가 공기처럼 당연하게 누리는 이 편리함 뒤에는 '세금'이라는 든든한 연료가 끊임없이 공급되고 있습니다. 세금은 우리 사회라는 거대한 기계를 움직이는 보이지 않는 엔진과 같습니다. 그렇다면 정부는 국민에게서 거둔 이 소중한 돈을 또 어디에 쓰고 있을까요? 단순히 가로등을 켜고 도로를 닦는 것 말고도 훨씬 더 중요한 곳에 쓰고 있지는 않을까요? 지금부터 나라 살림의 지갑 속을 자세히 들여다봅시다.

우리 일상에서 세금이 쓰이는 영역은 크게 두 가지로 나눌 수 있어요. 우리가 매일 이용하는 생활시설과 위기 상황에서 우리를 보호하는 안전 체계입니다.

세금은 하루를 시작하는 순간부터 우리 곁에서 조용히 작동합니다. 아침에 집을 나설 때 보게 되는 깨끗한 인도, 미끄럽지 않게 관리된 자전거 길, 통학로의 CCTV, 비가 와도 머물 수 있는 버스승강장의 지붕과 LED 안내판은 모두 세금이 투입된 시설이에요.

학교에서도 세금의 흔적은 쉽게 발견할 수 있습니다. 교실의 냉난방 장치, 급식실의 조리 환경, 체육관 바닥의 탄성 매트, 도서관의 책과 노트북, 학교 폭력 예방을 위한 전문 상담 인력 등은 모두 예산으로 운영됩니다. 도시 전체로 시야를 넓히면 공원 산책로의 벤치와 가로등, 무더위쉼터, 주민센터의 민원 창구, 주말마다 열리는 문화 프로그램 같은 서비스도 세금이 없다면 유지하기 어려워요. 집 안에서 사용하는 깨끗한 수돗물, 정기적인 도시가스 안전 점검, 음식물 쓰레기 수거 시스템도 세금을 주수입원으로 하는 정부의 지출로 제공됩니다. 시민이 보지 못하는 영역에서도 세금은 꾸준히 관리 체계를 유지하고 있어요.

위험한 순간이 찾아올 때 세금의 역할은 더 뚜렷해집니다. 화재가 나면 소방차가 몇 분 안에 도착하고, 태풍이나 폭우가 지나간 뒤에는 도로와 하천이 빠르게 정비됩니다. 겨울철 폭설에도 제설 차량이 밤새 도로를 치우는 이유는 이런 대응 체계를 세금이 뒷받침하고 있기 때문이에요. 경찰의 순찰 차량, 해안 지역의 감시 장비, 사이버 범죄 대응팀처럼 개인이나 기업이 갖추기 어려운 공공 안전망 역시 세금으로 운영됩니다.

세금은 눈에 보이는 시설뿐 아니라 보이지 않는 위험이나 재난, 재해, 안전 사고에 대한 대응과 준비에도 쓰입니다. 우리가 이를 의식하지 못하는 순간에도 공동의 자원이 계속 작동하며 안전한 환경을 만들어주고 있는 것이죠.

미래를 준비하고 사회적 격차를 줄이는 세금

앞의 사례들이 '지금의 생활'을 위한 지출이라면, 세금은 사회의 미래를 위한 투자와 사회적 균형을 유지하는 지출에도 쓰입니다.

세금은 시간이 지나야 효과가 드러나는 분야에도 사용돼요. 사회가 어떤 모습으로 성장할지, 미래 세대가 어떤 환경에서 살아갈지를 결정하는 긴 호흡의 투자에도 세금이 쓰이는 것이지요.

우리가 살아갈 터전인 지구의 환경을 지키기 위한 정책이 대표적인 예입니다. 기후 변화 대응을 위한 탄소 감축 기술, 태양광·풍력 등 재생에너지 시설, 전기차나 수소차 구매 보조금 지급, 생태계 복원 사업 등에 예산을 지출하는 건 모두 미래의 환경을 위한 기반을 쌓는 일입니다.

도시재생 정책도 미래를 향한 투자입니다. 오래된 주택가를 정비하고, 아이들이 더 안전하게 다닐 수 있는 보행 환경을 만들고, 버려진 공장을 문화센터나 청년 창업 공간으로 바꾸면 지역의 활력이 높아지고 새로운 기회가 생깁니다. 이는 단순한 시설 개선이 아니라 지역 공동체 전체의 미래를 바꾸는 과정입니다.

교육 분야 또한 미래 투자의 핵심입니다. 학교의 디지털 기기 보급, 노후 교실 리모델링, 과학 탐구실과 음악실 장비 교체, 학생 상담 체계 강화 등은 다음 세대를 위한 중요한 투자예요. 학생들이 안정적인 환경에서 배우고 성장할 수 있도록 하는 데 반드시 필요한 지출입니다.

세금은 사회적 격차를 줄이는 데도 중요한 역할을 합니다. 기초생활보장 제도, 실업급여, 장애인 지원, 아동수당, 청년 주거 지원 같은 정책은 경제적 기반이 약한 사람들이 일어설 수 있는 기회를 마련해줍니다. 부모의 소득에 따라 교육 기회가 지나치게 달라지지 않도록 장학금이나 교육복지 프로그램을 제공하는 것도 이 목적에 포함됩니다. 이는 결국 우리 사회를 이끌어갈 미래 세대에게 미리 투자하는 것이기 때문입니다.

이러한 지출은 사회 전체의 안정성을 높이고 공동체가 무너지지 않도록 받쳐줍니다. 세금은 현재의 편의뿐 아니라 미래의 가능성과 사회적 균형까지 함께 떠받치는 역할을 합니다.

예산으로 움직이는 나라

　세금이 걷히면 정부는 가장 먼저 1년 동안 어디에 얼마를 사용할지 계획을 세웁니다. 이를 예산이라고 해요. 교육, 복지, 국방, 환경, 산업, 과학기술 등 분야별 지출 계획이 정해지면 이 예산안은 국회로 넘어가 심사와 조정을 거쳐 확정됩니다. 국민이 선택한 대표인 국회의원들이 정부의 지출 계획을 꼼꼼히 검토하며 세금이 적절하게 쓰이는지 확인하는 과정이에요. 세금의 주인이 국민이라는 원리가 실제로 작동하는 순간이기도 합니다.

　예산을 보면 한 나라의 국정 운영 방향이 분명하게 드러납니다. 교육과 복지에 투자하는 예산이 많다면 사람 중심의 나라를 지향하는 것이고, 기후 대응과 에너지 전환에 투자를 강화하면 미래를 중시하는 정책이 펼쳐지고 있다는 신호입니다. 국방력 강화와 재난 대응 확대는 안전을 최우선으로 두고 있다는 의미죠. 말만으로도 여러 가치를 이야기할 수 있지만 예산은 실제로 어떤 가치를 가장 중요하게 생각하는지 정확하게 보여줍니다.

　예산이 항상 완벽하게 쓰이는 것은 아닙니다. 필요성이 감소한 사업이 계속 유지되거나 특정 지역에 치우친 지출이 발생할 때도 있어요. 이 문제를 해결하기 위해 정부는 국민 누구나 온라인으로 세금 사용 내역을 확인할 수 있는 열린 재정 공개 시스템을 운영합니다. 어떤 사업에 얼마가 배정되고 실제로 얼마나 집행되었는지 국민이 직접 확인할 수 있게 된 것입니다. 예산을 공개하는 일은 국민의 알 권리를 충족시키는 일이면서, 세금이 낭비되지 않고 적절히 쓰이도록 지키는 장치이기도 합니다.

세금이 나라를 움직이는 힘이라면, 예산은 그 힘을 어디에 쓸지 알려주는 지도입니다. 예산을 살펴보면 우리 공동체가 어떤 방향으로 나아가고 있는지 분명하게 이해할 수 있어요.

인프라

인프라는 우리가 생활하고 경제 활동을 할 수 있도록 도와주는 기반이에요. 도로, 철도, 항만, 통신망, 수도, 전력 시설처럼 눈에 보이는 물리적 시설뿐 아니라 교육, 의료, 복지 시스템처럼 눈에 잘 보이지 않는 사회적 기반도 포함돼요. 이런 인프라는 특정 개인이나 기업을 위한 것이 아니어서 공공재의 성격을 갖습니다. 또 막대한 비용이 드는 데 비해 수익이 나는 것은 아니어서 정부가 주도해서 마련합니다. 경제학에서는 인프라를 사회간접자본(SOC)이라고 정의하기도 합니다.

사회적 안전망

사회적 안전망은 누군가 힘들어졌을 때 다시 일어설 수 있게 도와주는 제도나 정책이에요. 학교 급식비 지원, 청년 월세 보조, 실업급여, 아동수당, 기초생활보장제도 등이 대표적이죠. 이러한 복지 정책은 누구나 예기치 못한 어려움을 겪을 수 있다는 사실을 전제로 한 사회적 약속이에요. 한 사람의 위기가 사회 전체로 번지지 않게 막는 장치이기도 하죠. 예를 들어, 코로나19 시기에 소득이 끊긴 자영업자에게 지원금을 주고, 홍수 피해를 입은 지역 주민에게 복구비를 지급한 것도 사회적 안전망의 역할이에요. 이럴 때 세금은 나라의 구성원인 사람을 지키는 든든한 울타리가 됩니다. 사회적 안전망 구축에 세금을 쓰는 일은 장기적으로는 나라 경제 발전을 위한 투자로서의 의미도 있습니다. 국민 개개인이 생산력과 건강한 소비 생활을 유지할 수 있게 도움으로써 지속 가능한 경제 발전을 도모할 수 있기 때문입니다.

절세와 탈세,
뭐가 다를까?

'세금을 적게 내면 좋지 않을까?' 하고 생각한 적 있나요?

사실 누구나 세금을 아끼고 싶은 마음은 비슷합니다. 그런데 어떤 방법으로 세금을 줄이느냐에 따라 결과는 완전히 달라집니다. 바로 절세냐 탈세냐의 차이죠. 절세와 탈세는 겉으로 보면 모두 세금을 덜 내기 위한 행동이지만, 그 안을 들여다보면 합법과 불법이라는 큰 차이가 있습니다.

먼저 절세는 세법이 정한 범위 안에서 세금을 합법적으로 줄이는 방법이에요. 예를 들어, 세금이 적게 붙는 예금에 가입하거나, 연말정산 때 공제를 받을 수 있는 영수증을 꼼꼼히 챙기는 것이 절세에 해당합니다. 이런 행동은 정부가 인정한 제도 안에서 자신의 권리를 똑똑하게 활용하는 것이죠. 그래서 절세는 '합리적인 세금 관리'로 평가받습니다.

청소년들도 절세의 혜택을 누릴 수 있습니다. 예를 들어, 아르바이트를 하며 근로소득세를 낸 학생은 연말정산 때 근로소득세 환급을 받을 수 있고, 부모님이 낸 교육비나 의료비도 공제받을 수 있습니다. 즉, 정직하게 세금을 내는 사람은 다시 혜택을 돌려받는 구조예요.

반면 탈세는 세법이 정한 규칙을 어기거나 속여서 세금을 덜 내거나 아예 내지 않는 행위를 말합니다. 소득을 숨기거나, 가짜 영수증을 만드는 것이 대표적인 예죠. 탈세는 겉보기에 돈을 아끼는 것처럼 보이지만, 결국 공동체의 신뢰를 무너뜨리는 불법 행위입니다. 누군가 세금을 내지 않으면, 그 부담은 결국 성실하게 납세하는 다른 사람들에게 돌아갑니다. 즉, 탈세는 공정한 세상을 해치는 행동인 것이죠.

그래서 국세청은 성실한 납세자가 존중받는 사회를 만들기 위해 여러 제도를 운영하고 있습니다. 정직하게 세금을 내는 사람에게는 각종 혜택을 주고, 반대로 탈세자에게는 그에 따른 대가를 치르게 하죠.

국세청은 탈세 혐의가 있으면 세무조사를 실시해 숨긴 소득을 찾아내고, 미납 세금뿐 아니라 가산세와 과징금을 함께 부과합니다. 고의성이 크다고 판단되면 '조세 포탈죄'가 적용되어 형사처벌을 받기도 합니다. 고액·상습 체납자의 명단을 공개하거나 출국을 제한하는 제도도 이런 엄정한 대응의 하나예요.

절세는 '똑똑함'에서 비롯되고, 탈세는 '이기심'에서 비롯된 행동이에요. 법의 테두리 안에서 현명하게 절세하는 것은 개인의 권리이지만, 법을 어겨 세금을 숨기는 것은 공동체의 약속을 깨뜨리는 행동이죠. 정직하게 세금을 내는 것, 그것이 바로 우리가 함께 살아가는 사회를 지키는 가장 기본적인 의무입니다.

03
공공재는 시장에서 못 파는 걸까?

옛날 한 마을 산속에 아주 맑은 연못이 있었어요. 누구나 자유롭게 와서 물을 길어 갈 수 있었죠. 마을 사람들은 처음엔 필요한 만큼만 물을 썼지만, 시간이 지나면서 조금씩 욕심이 생겼어요. "우리 밭에 물을 더 대면 수확이 늘겠지?" "조금만 더 퍼가도 괜찮을 거야." 결국 연못의 물은 금세 바닥나 버렸습니다. 물을 지키는 사람도, 책임지는 사람도 없었기 때문이에요. 이처럼 모두의 것이지만 아무도 돌보지 않아 자원이 점점 줄어드는 현상을 경제학에서는 '공유지의 비극(tragedy of the commons)'이라고 부릅니다. 이와 같은 이야기는 오늘날 우리가 살아가는 세상에서도 계속 일어나고 있어요. 이제부터 이 이야기를 좀더 자세히 살펴보려 합니다.

공공재, 모두의 것이지만 아무나 관리할 수 없는 재산

우리 주변에는 모두가 함께 쓰는 것들이 정말 많아요. 밤길을 비추는 가로등, 차가 달리는 도로, 누구나 쉴 수 있는 공원, 위험을 막는 경찰과 소방 시스템, 그리고 나라를 지키는 군대까지요. 이런 것들을 경제학에서는 '공공재(public goods)'라고 부릅니다.

공공재는 두 가지 특징이 있어요.

첫째, 비배제성이에요. 이 말은 돈을 내지 않았다고 해서 소비에서 제외할 수 없는 성질을 뜻해요. 조금 쉽게 말하면 '누구도 배제하지 않는다.', 즉 누구도 이용을 못 하게 쫓아낼 수 없다는 뜻이에요. 예를 들어, 세금을 내지 않았다는 이유로 누군가의 공원 출입을 막을 수는 없습니다. 도로도 마찬가지예요. 통행료를 내지 않았다고 해서 일반도로 이용을 제한할 수는 없습니다. 공원 가로등 아래 '코인 슬롯'이 있어서 100원을 넣어야 불이 켜진다면 어떨까요? 가로등이 켜지면 빛은 사방으로 퍼집니다. 그래서 100원을 넣은 사람에게만 가로등이 비치고 돈을 넣지 않은 사람은 어둠 속을 걷게 할 수는 없습니다.

둘째, 비경합성이에요. '비+경합'이라는 말 그대로 서로 경쟁할 필요가 없다는 뜻이에요. 조금 더 쉽게 말하면, 한 사람이 이용한다고 해서 다른 사람이 이용할 수 있는 양이 줄어들지 않는다는 거예요. 즉, 여러 사람이 동시에 써도 줄지 않는 재화라는 뜻이죠. 예를 들어, 내가 등대 불빛을 본다고 해서 다른 배가 그 불빛을 못 보는 건 아니에요. 또 어떤 사람이 다리를 건너 하천을 지나갔다고 해서, 그 뒤에 오는 사람이 그 다리를 건너지 못하는 일도 없죠. 국방 서비스도 대표적인 예입니다. 우리 모두는 지금 이 순간에도 '국방 서비스'라는 공공재를 함께 이용하고 있어요. 일본에 사는 교포가 한국을 방문했다고 해볼까요? 그가 우리나라 땅을 밟는 순간, 그 역시 대한민국의 국방 서비스를 이용하게 됩니다. 그렇다고 우리가 누리는 국방 서비스의 양이 줄어드는 건 아니죠.

이 두 가지 특징은 참 멋지지만, 한편으로는 관리의 어려움을 가져옵니다. '누구나 쓸 수 있으니까, 굳이 내가 아낄 필요는 없겠지.' 이런 생각이 쌓이면 도로에는 쓰레기가 늘고, 공공화장실은 금세 지저분해지며, 공원 시설도 고장 나기 쉬워집니다. 결국 모두가 조금씩 방심하면, '모두의 것'이 '누구의 것도 아닌 것'이 되어버리는 거예요.

시장이 해결하지 못하는 이유

시장에서는 대부분의 물건이 '가격'을 통해 거래돼요. 가격에 따라 물건이나 서비스의 판매량과 생산량이 달라집니다. 이걸 경제학에서는 수요와 공급의 원리라고 하죠. 그런데 공공재는 이 원리가 통하지 않습니다. 왜냐하면 가격을 매기기가 어렵기 때문이에요.

도로를 지날 때마다 요금을 내야 한다고 상상해보세요. 가로등 불빛을 몇 초 봤는지 일일이 계산해 돈을 내야 한다면 어떨까요? 생각만 해도 복잡하고, 현실에서는 불가능한 일이죠.

이렇게 돈을 받기도 어렵고, 누가 썼는지 확인하기도 힘든 물건은 기업 입장에서 매력이 없습니다. 팔아도 이익이 남지 않으니, 아무도 나서서 가로등을 세우거나 도로를 깔려고 하지 않겠죠. 바로 여기서 문제가 생깁니다. 우리 생활에 없어서는 안 될 중요한 것들인데, 시장의 원리에만 맡겨두면 아예 만들어지지 않거나 턱없이 부족해지는 상황이 벌어지는 거예요.

경제학에서는 이런 상황을 '시장 실패'라고 부릅니다. 시장이 자유롭게 기능하도록 맡겨둘 때 효율적인 자원 배분을 달성하지 못하는 경우를 말하죠. 우리 사회에 꼭 필요한 공공재를 만드는 데 돈과 인력이 흘러가야 하는데, 시장에만 맡겨뒀더니 그쪽으로는 자원이 가지 않아 결과적으로 필요한 만큼 물건이 생기지 않은 상태예요. 시장이 제 역할을 다하지 못했으니 '실패'라고 부르는 것입니다.

그래서 공공재는 시장이 해결할 수 없는 영역이에요. 이윤을 내겠다는 목적을 넘어 모두의 안전과 편익을 위해 반드시 존재해야 하는 것이니까요.

그렇다면 시장이 감당하지 못하는 일은 누가 맡아야 할까요? 바로 정부입니다. 정부는 국민이 낸 세금으로 공공재를 관리하고 제공합니다. 공공재와 관련된 구체적인 정책과 제도를 통해 시장 실패를 보완하죠.

예를 들어 환경 보호를 위해 기업이 배출할 수 있는 오염 물질의 기준을 정하고, 이를 어기면 벌금을 부과하거나 개선 명령을 내립니다. 교통과 도로 시설은 수익성보다는 공공성을 우선해 국가와 지방자치단체가 예산을 편성하고 관리 책임을 맡아, 안전하게 운영되도록 합니다. 또 국방과 치안처럼 국민 모두의 안전과 직결된 영역은 법에 따라 정부가 책임지고 그 조직을 운영합니다. 이처럼 정부는 시장이 스스로 해결하기 어려운 문제에 제도적으로 개입해, 공공재가 지속적으로 유지되도록 돕는 역할을 합니다.

물론 정부가 항상 완벽한 건 아닙니다. 세금이 낭비되거나, 불필요한 사업이 생길 수도 있어요. 하지만 '시장 실패'를 막고 '모두의 자원'인 공공재를 지키기 위해서는 정부의 역할이 꼭 필요합니다. 결국 공공재는 시장과 정부가 함께 만들어가는 균형의 산물이에요. 정부가 적절히 제공하고, 시민이 함께 아껴 쓸 때 비로소 완성됩니다.

공원 꽃밭에 심어놓은 꽃을 예쁘다고 누구나 한 송이씩 꺾어 가면 그 아름다운 풍경은 금세 사라지고 맙니다. 공공재는 '공짜'처럼 보이지만, 사실은 우리 모두가 낸 세금과 책임으로 유지되는 소중한 자산이라는 점을 잊지 말아야 합니다. 밤길을 비추는 가로등, 편안한 도로, 신호등과 치안, 안전한 나라. 이 모든 건 누군가가 세금을 내고, 누군가가 정책을 세워 지켜낸 결과입니다.

공공재는 시장에서 팔 수 없지만, 모두가 함께 투자하고 지켜야 하는 공동의 약속이에요. 우리가 함께 아끼고 지킬 때, 공공재는 우리 모두에게 더 큰 행복으로 돌아옵니다.

 # 공유지의 비극 공공재는 누구나 함께 쓸 수 있지만, 그 사용량을 제한하기 어렵다는 특징이 있습니다. 문제는 이런 자원을 각 개인이 아껴 쓰지 않고 낭비하면 금세 부족해진다는 점입니다. 이 상황을 '공유지의 비극'이라고 해요. 한 예로 어느 마을에서 공공의 이익을 위해 목초지를 개방했을 때 각 개인이 자신의 소를 너무 많이 풀어놓으면 결국 목초지는 황무지가 됩니다. 그러면 마을의 소는 모두 굶게 되지요. 이러한 공유지의 비극을 줄이기 위해 정부는 어획량 제한, 국립공원 보호, 산림 관리, 탄소 배출 규제처럼 자원을 지키기 위한 규칙을 만들고 관리하는 일을 담당해요. 이런 장치 덕분에 공동의 자원을 지금뿐 아니라 미래 세대도 사용할 수 있게 되는 거죠.

 # 무임승차 문제 비배재성과 비경합성이라는 공공재의 특성은 '무임승차'라는 골치 아픈 문제를 낳습니다. 혜택은 누리면서 비용 부담은 쏙 피하려는 태도를 말하죠. '나 하나쯤 돈을 안 내도 가로등은 켜져 있잖아?' 이런 생각이 개인에겐 이익일 수 있지만 모두가 이런 마음으로 지갑을 닫으면 어떻게 될까요? 결국 공공재를 관리할 돈이 바닥나, 가로등은 꺼지고 도로는 망가져 아무도 쓸 수 없게 됩니다. 그런데 공공재는 구조상 자발적인 비용 지불을 기대하기 어렵습니다. 그래서 국가는 개인의 양심에만 맡기지 않고, '세금'이라는 제도를 통해 강제로 비용을 나누어 우리가 매일 안전하게 공공재를 이용할 수 있도록 하는 것입니다.

무료로 사용하는 것들은
정말 '공짜'일까?

"세상에 공짜는 없다."라는 말, 한 번쯤 들어본 적 있죠?

우리 주변을 보면 공짜처럼 보이는 것들이 많아요. 도서관, 공원, 학교 급식, 무료 와이파이처럼 누구나 무료로 이용할 수 있는 서비스들이요. 하지만 조금만 살펴보면 금세 알 수 있어요. 이를 운영하기 위해서는 누군가 비용을 지불하고 있다는 사실을요.

지하철 노인 무임승차 제도를 예로 들어볼까요? 어르신들은 요금을 내지 않고 탑승하지만, 그 비용은 정부와 지자체가 세금으로 대신 지불합니다. 학교의 무상 급식과 무상 교과서도 학생 개인이 돈을 내지 않을 뿐, 재료비와 운영비는 모두 세금에서 나옵니다. 공공장소의 무료 와이파이 역시 통신사가 '무료로 제공하는 서비스'가 아니라, 정부가 통신요금을 지불해 유지하는 시스템이에요.

우리가 '공짜'라고 느끼는 대부분의 서비스는 사실 모두가 조금씩 낸 세금으로 운영되는 공동의 자원입니다. 누구도 비용을 지불하지 않는 '진짜 공짜'가 아니라, 모두가 함께 부담하고 함께 누리는 서비스라는 뜻이에요.

가끔 이런 일도 있어요. 한때 인기 많던 공공자전거나 공공 킥보드 서비스가 몇 달 만에 고장 나거나 사라지는 경우요. 처음엔 모두가 신나게 썼지만, 누군가는 아무 데나 버리고, 누군가는 망가뜨려도 그냥 두죠. 그런데 이걸 고치고 관리하는 데는 세금과 인력이 필요해요.

이걸 경제학에서는 '무임승차 문제'라고 해요. 원래는 표를 사지 않고 몰래 기차에 타는 사람을 빗댄 말입니다. 공공재는 내가 직접 지갑을 열어 산 물건이 아니다 보니, 대가는 치르지 않으면서 혜택만 누리려는 심리가 생기기 쉬워요. '내 돈 든 것도 아닌데 좀 막 써도 되겠지?'라며 함부로 다루거나, '나 하나쯤은 괜찮겠지.' 하고 무책임하게 행동하는 것이죠. 하지만 이런 사람들이 많아지면 결국 수리비와 관리비가 감당할 수 없을 만큼 커져서, 멀쩡히 잘 쓰던 서비스가 중단되거나 사라지고 맙니다. 그래서 공공재를 지키기 위해서는 정부의 관리도 중요하지만, '모두의 것은 곧 나의 것'이라고 여기는 성숙한 시민의식이 무엇보다 필요합니다.

또 하나 기억해야 할 점이 있어요. 모두를 위해 세금으로 운영되는 공공재 외에, 우리가 개별적으로 이용하는 서비스들도 공짜처럼 보이는 것들이 있죠. 그런데 그런 서비스들은 돈 대신 다른 것을 지불하고 있는 경우가 많습니다.

무료 동영상 앱에서 영상을 보기 전에 30초짜리 광고를 봐야 하는 이유를 생각해볼까요? 그 광고를 만든 회사가 영상 제작에 필요한 비용을 대신 내기 때문이에요. 우리는 돈 대신 시간과 시선을 비용으로 지불하고 있는 셈이죠.

앱 회원가입 때 이름, 나이, 위치 같은 개인정보를 입력하는 것도 마찬가지예요. 돈은 내지 않지만, 개인정보라는 자원을 제공하는 대가로 서비스를 이용하는 거예요. 그래서 '무료 다운로드', '무료 이용'이라는 말이 붙어 있어도 실제로는 우리가 돈, 시간, 광고 시청, 개인정보 중 어떤 형태로든 비용을 치르고 있습니다. 공짜처럼 보여도 공짜가 아닌 이유가 바로 여기에 있어요.

04

물가를 잡는 건
누구의 역할일까?

마트에서 과자를 집어 들었는데, 지난달보다 500원이 올랐어요. 버스 요금도, 식당 밥값도 조금씩 오르고 있죠. 그런데 이상하게 가계의 수입은 그대로입니다. 이럴 때 사람들은 "물가가 또 올랐네." 하고 한숨을 쉬죠. 한달 수입은 그대로인데 그 돈으로 살 수 있는 물건이나 누릴 수 있는 서비스가 줄어든다면 당연히 사는 게 더 힘들게 느껴집니다. 그럴수록 사람들은 점점 꼭 필요한 생필품만을 구매하려 하겠죠. 물가가 오르는 건 단순히 물건 값만의 문제가 아니에요. 가정의 지출, 기업의 투자, 나라의 경제까지 영향을 받는 일이에요. 그래서 경제에서 물가를 안정시키는 일은 아주 중요합니다. 그럼 물가가 왜 오르고, 또 누가 잡는 걸까요?

🅜 물가가 오르고 내릴 때 생기는 일들

'물가'란 물건과 서비스의 전반적인 가격 수준을 말해요. 빵, 라면, 영화표 가격부터 전기요금, 버스비처럼 우리가 일상에서 구매하는 물건이나 이용하는 서비스에 붙은 가격을 평균적으로 본 개념이죠.

특정 물건들이나 서비스의 가격이 전반적으로 오르는 현상을 '물가 상승'이라고 하고, 이러한 현상이 광범위하고 지속적으로 나타나는 상태를 '인플레이션(inflation)'이라고 해요.

물가가 조금 오르는 건 크게 문제 되지 않아요. 경제가 성장하면서 사람들의 소득이 늘고 소비가 활발해지면, 기업은 물건을 더 팔 수 있고, 그 과정에서 가격이 약간 오르는 건 자연스러운 현상이라고 할 수 있죠. 오히려 적당한 물가 상승은 경제가 건강하게 돌아가고 있다는 신호가 될 수 있어요.

하지만 물가가 너무 가파르게 오르면 여러 문제가 나타납니다. 가장 먼저 사람들이 느끼는 불편이 커져요. 물가가 오른다고 해서 임금이 같은 속도로 오르는 것은 아니기 때문에, 수입은 늘어나지 않는데, 예전과 같은 돈을 들고도 살 수 있는 물건의 양이 줄어들게 됩니다. 작년에 5000원이던 햄버거가 올해 7000원이 되었다면, 같은 1만 원으로 살 수 있는 양이 줄어들죠. 흔히 "돈의 가치가 떨어졌다."라고 말하는 게 바로 이런 상황이에요. 화폐의 액수는 그대로인데 살 수 있는 물건은 적어졌으니까요.

물가가 빠르게 오르면 소비자의 불안도 커져요. 때때로 라면이나 생수 같은 생필품을 한꺼번에 사두는 행동이 나타나는 것도 이런 불안 심리가 영향을 준 것이죠. 앞으로 가격이 더 오를까 걱정하는 사람들은 필요한 물건을 미리 사두거나 지출을 서두르게 되며, 이런 소비 패턴의 변화가 오히려 물가를 다시 자극하는 경우도 생겨요.

한편, 경제 전반적으로 상품과 서비스의 가격이 지속적으로 하락하는 '디플레이션'도 경제에 좋지 않은 신호예요. 물건값이 내려가니 더 많이 살 수 있을 것 같지만, 실제로는 여러 부작용을 일으켜요. 가격이 떨어지기 시작하면 사람들은 '조금만 더 기다리면 더 싸지겠지.'라고 생각하며 소비를 미룹니다. 또 물가가 내릴수록 상대적으로 돈의 가치가 높아지기 때문에, 물건을 사기보다 돈을 들고 있는 것 자체가 더 이득이라고 느끼기도 해요. 이런 심리가 커지면 기업은 제품이 잘 팔리지 않아 매출이 줄고, 수익을 맞추기 위해 생산량을 줄이거나 투자 계획을 미루게 됩니다.

기업의 생산이 줄어들면 그 영향은 다시 가계로 돌아옵니다. 매출이 줄어든 기업은 비용을 아끼기 위해 임금을 동결하거나 근로자를 줄일 가능성이 커지고, 그 결과 많은 사람의 소득이 감소하게 돼요. 소득이 줄어들면 소비는 더 위축되고, 위축된 소비는 다시 기업의 매출 감소로 이어지기 때문에 경제는 악순환의 고리에 빠지게 됩니다.

디플레이션은 자산 시장에도 영향을 줘요. 물건뿐 아니라 기업의 가치, 부동산 가치, 투자 자산의 가격이 함께 떨어지면 경제 전반의 실물 가치가 줄어들어 개인과 기업 모두가 더 신중하게 지출하려 합니다. 이런 분위기가 오래 지속되면 시장 전체가 위축되고, 경제는 점점 활력을 잃게 되죠.

그래서 경제학자들은 물가가 매년 약 2% 정도 천천히 오르는 상태를 '건강한 물가 상승'이라고 부릅니다. 몸의 체온이 너무 높아도, 너무 낮아도 문제가 되듯, 물가도 적당한 상승이 있어야 경제가 안정적으로 움직일 수 있기 때문이에요.

물가를 움직이는 힘, 인플레이션의 두 얼굴

물가가 오르는 이유는 여러 가지가 있지만, 크게 보면 '수요 견인 인플레이션'과 '비용 인상 인플레이션' 두 가지로 나눌 수 있어요.

수요 견인 인플레이션은 사려는 사람이 많아져서 생기는 물가 상승이지만, 이는 특정 물건을 좋아하는 몇몇 소비자가 늘어난다는 것이 아니라 시장 전체의 수요가 커지는 상황을 뜻해요.

경기가 좋아지면 가계의 소득이 늘어나서 사람들은 예전보다 외식도 자주 하고, 여행을 가거나 새 전자제품을 사는 데 돈을 더 쓰게 됩니다. 동시에 기업은 공장을 늘리고 설비에 투자하며, 정부도 경기 부양을 위해 지출을 확대할 수 있어요. 여기에 수출까지 늘어나면 국내에서 만들어진 물건을 사려는 수요가 한꺼번에 커집니다.

이처럼 가계의 소비, 기업의 투자, 정부의 지출, 수출이 동시에 늘어나면, 시장에서 물건과 서비스를 사려는 힘, 즉 총수요가 크게 증가합니다. 그런데 생산 능력이 그 속도를 따라가지 못하면 시장에 나오는 물건이 상대적으로 부족해지고, 그 결과 전반적인 물가가 오르게 됩니다. 이것이 바로 수요 견인 인플레이션이에요.

반면, 비용 인상 인플레이션은 물건을 만드는 데 드는 비용이 올라서 생기는 현상이에요. 대표적인 게 원자재나 인건비 상승이에요. 예를 들어 석유 값이 오르면 운송비와 전기요금이 함께 오르고, 결국 라면, 과자, 택배비 같은 생활비 전반이 영향을 받습니다.

이 밖에도 환율 상승, 전쟁, 기후 변화 같은 외부 요인으로 물가가 오르기도 합니다. 또한 정부가 경기를 살리기 위해 지출을 늘리는 것도 물가 상승의 원인이 될 수 있어요. 정부가 소비를 촉진하려고 시장에 돈을 많이 풀면, 그만큼 물건과 서비스를 사려는 힘이 커지면서 물가가 빠르게 오를 수 있습니다.

한편, 인플레이션의 원인 중 가장 장기적으로 물가에 영향을 미치는 건 통화량의 증가라고 할 수 있어요. 돈의 양이 늘어나면 돈의 값어치는 상대적으로 낮아지는데, 한번 시중에 풀린 돈은 누군가의 소비가 끝나도 다른 사람의 소득으로 다시 돌아가며 사라지지 않고 계속 남아 있기 때문입니다.

물가를 잡는 주인공, 정부와 한국은행

물가를 잡고 경제를 안정시키는 역할은 정부와 한국은행이 주로 합니다. 먼저 정부는 생활과 밀접한 물가를 직접 관리합니다. 특히 식품이나 에너지 가격이 갑자기 오르면, 정부는 시민의 부담이 커지지 않도록 여러 대책을 씁니다.

예를 들어 배추나 달걀 같은 식료품 가격이 급등하면 정부는 비축 물량을 시장에 내놓아 공급을 늘리거나, 세금을 낮춰 가격을 완화합니다. 또 겨울철 난방비가 급등하면 전기나 가스요금 인상 속도를 조절하거나, 취약계층의 난방비를 지원하기도 하죠.

이런 정책들은 모두 정부가 가진 '재정'을 활용하는 방법이에요. 앞서 배운 것처럼, 재정 정책은 정부가 지출과 조세를 조절해 경제 전체의 흐름을 안정시키는 정책이에요. 물가가 너무 오를 때는 지출을 줄이거나 세금을 조정해 돈의 흐름을 완화하고, 반대로 경기가 침체될 때는 정부 지출을 늘려 소비와 투자를 촉진하기도 하죠. 이처럼 정부는 재정 정책을 통해 경제의 과열과 침체를 조절해 전체 물가와 경기를 안정시키는 큰 역할을 합니다.

그렇다면 한국은행은 어떤 역할을 할까요? 한국은행은 우리나라의 중앙은행, 즉 나라 전체의 돈을 관리하는 기관이에요. 정부가 재정 정책으로 경제의 방향을 잡는다면, 한국은행은 통화 정책을 통해 돈의 흐름을 조절합니다. 시중에 돈이 너무 많으면 물가가 오르고, 너무 적으면 경기가 얼어붙어요.

그래서 한국은행은 시중에 풀리는 돈의 규모와 사람들이 돈을 쓰는 속도를 조절해 경제가 너무 과열되지도, 너무 식어버리지도 않게 관리합니다. 여기서 돈의 양을 조절한다는 것은 대출과 통화 공급을 늘리거나 줄여 시중에 도는 돈의 크기를 조정하는 것을 말하고, 돈의 속도를 조절한다는 것은 소비와 투자가 얼마나 활발하게 이루어지도록 할지 결정하는 것을 뜻해요.

물가가 빠르게 오를 때는 한국은행이 기준금리를 인상합니다. 기준금리가 오르면 시중 은행의 대출 금리도 덩달아 뛰게 됩니다. 이자가 비싸져 돈을 빌리기가 어려워지니, 사람들은 소비를 줄이게 됩니다. 기업도 투자 계획을 잠시 미루게 되죠. 이렇게 시중에 풀린 돈이 줄면, 물건을 사려는 사람이 줄어들어 물가 상승 속도도 자연스럽게 느려집니다. 반대로 물가가 너무 낮거나 경기가 침체될 때는 기준금리를 인하합니다. 금리가 낮아지면 대출이 쉬워지기에 기업은 투자를 늘리고, 사람들은 소비를 늘려요. 돈이 다시 활발하게 돌면서 경제가 온기를 되찾게 됩니다.

물가 안정은 어느 한쪽의 힘으로 이루어지지 않습니다. 정부가 재정 정책을 펼치고, 한국은행이 금리를 조정하며, 기업이 무리한 가격 인상을 자제하고, 시민이 사재기나 과소비를 피하는 등 모두의 노력이 모여야 비로소 물가가 안정될 수 있습니다.

 # 금리 금리는 돈을 빌려 쓰는 데 드는 사용료, 또는 돈을 맡겨두는 대가로 받는 보상을 말해요. 이자 금액을 원금으로 나눈 비율이기 때문에 '이자율'이라고도 부릅니다. 금리는 현재의 돈과 미래의 돈을 이어주는 연결 고리이기도 합니다. 예를 들어 100만 원을 연 5% 이자율로 맡기면, 1년 뒤에는 105만 원이 됩니다. 시간이 지나면서 돈의 가치가 늘어나는 것이죠. 이때 중요한 개념이 바로 기회비용입니다. 지금 그 100만 원으로 물건을 사서 써버리면 당장의 만족은 얻을 수 있지만, 이자를 통해 늘어날 수 있었던 미래의 돈은 포기하게 됩니다. 반대로 소비를 미루고 금융 기관에 저축하면, 현재의 소비를 포기하는 대신 이자가 붙은 더 큰 금액을 갖게 되죠.

 # 통화 정책 통화 정책은 경제 안정화나 경제 성장을 위해 통화량과 이자율을 조절하는 정책을 말해요. 통화 정책에는 크게 두 가지 방향이 있어요. 먼저 확대 통화 정책은 시중에 돈을 더 풀거나 금리를 낮춰 사람들이 돈을 쓰고 투자하도록 유도하는 정책입니다. 경기가 침체되었을 때 사용돼요. 반대로 긴축 통화 정책은 돈의 공급을 줄이거나 금리를 올려 과도한 소비와 투자를 줄이는 정책이에요. 물가가 너무 빠르게 오를 때 주로 시행됩니다. 중앙은행은 이런 통화 정책을 실행하기 위해 여러 가지 수단을 사용합니다. 은행이 반드시 남겨두어야 하는 돈의 비율을 조절하는 지급준비율 정책, 은행에 돈을 빌려줄 때 적용하는 금리를 조정하는 재할인율 정책, 국채를 사고팔아 시중에 풀리는 돈의 양을 조절하는 공개시장운영이 대표적이에요.

왜 기준금리가
뉴스에 자주 나올까?

뉴스에서 "한국은행, 기준금리 인상"이나 "기준금리 동결" 같은 소식을 자주 듣죠. 기준금리는 우리가 은행에서 바로 적용받는 금리는 아니지만, 시중 금리가 어느 방향으로 움직일지를 보여주는 기준점이기 때문에 늘 주목을 받습니다.

기준금리는 은행들이 금리를 정할 때 공통으로 참고하는 수치예요. 이 값이 바뀌면 은행은 자금 운용 계획을 조정하고, 그에 따라 대출과 예금의 조건도 달라집니다. 그래서 기준금리는 시장 전체에 지금이 돈을 풀 때인지, 조일 때인지를 알려주는 신호처럼 작용합니다.

기준금리의 영향은 발표 순간부터 나타나기 시작합니다. 금리가 오를 가능성이 보이면 가계는 주택 구입이나 큰 지출을 미루고, 기업은 투자 계획을 다시 살펴봅니다. 반대로 금리가 낮아질 것이라는 신호가 나오면 아직 대출 이자나 예금 금리가 크게 바뀌지 않았더라도 소비와 투자가 조금씩 살아나기도 해요. 기준금리는 실제 금리 변화뿐 아니라, 사람들의 기대와 선택까지 움직이는 거대한 힘을 가지고 있습니다.

시간이 지나면 이런 변화는 우리 생활 속에서 더 분명하게 드러납니다. 기준금리가 오르면 주택담보대출이나 전세자금대출의 이자 부담이 커지고, 자동차 할부나 학자금 대출의 이자도 함께 늘어날 수 있어요. 반대로 기준금리가 내려가면 대출 부담은 줄어들지만, 예금과 적금의 이자율도 낮아져 저축의 매력은 약해집니다. 기업은 금리 흐름에 맞춰 투자 규모를 조절하고, 은행은 금융상품의 조건을 다시 설계합니다.

이처럼 기준금리는 금융시장뿐 아니라 가계의 소비와 저축, 기업의 투자, 은행의 판단까지, 경제 전반의 흐름에 영향을 미칩니다.

왜 돈이 돌아야 경제가 살아날까요?

유효수요 이론

오랫동안 사람들은 '시장은 스스로 균형을 맞춘다.'라고 믿어 왔어요. 정부가 굳이 개입하지 않아도, 물건을 만드는 사람과 사는 사람이 만나면 경제는 자연스럽게 돌아간다고 생각했죠. 이런 믿음에 힘을 실어 준 건 19세기 프랑스 경제학자 장 밥티스트 세이(Jean-Baptiste Say)가 주장한 '세이의 법칙'입니다. 세이는 "공급이 수요를 만든다."라고 말했어요. 즉, 사람들이 물건을 만들어 팔면 소득이 생기고, 그 소득으로 다시 물건을 사기 때문에 경제는 자동으로 순환된다는 것이었죠.

하지만 이 믿음은 1930년대 세계를 덮친 '대공황' 앞에서 무너졌습니다. 공장에는 재고가 쌓이고, 일할 사람은 넘쳐났지만 기업은 더 이상 고용하지 않았어요. 물건을 만들 능력은 충분했지만, 정작 살 사람이 없었던 거예요. 결국 "공급이 수요를 만든다."라는 세이의 법칙은 완벽하지 않다는 점이 드러난 거죠.

이때 등장한 인물이 바로 존 메이너드 케인스예요. 그는 "시장은 저절로 회복되지 않는다."라고 말하며 세이의 법칙에 반기를 들었습니다. 케인스는 경제를 움직이는 진짜 힘은 '공급'이 아니라 '수요', 즉 사람들이 실제로 물건을 사려는 힘이라고 강조했어요. 이것이 바로 그의 대표적인 생각, '유효수요 이론'입니다.

케인스는 이렇게 말했어요.

"경제를 살리려면 돈이 돌게 만들어야 한다."

사람들의 소비와 투자가 줄면 기업의 생산이 멈추고, 일자리가 줄며, 소득이 감소해 경제 전체가 얼어붙는 악순환이 생깁니다. 반대로 정부가 나서서 도로를 만들고, 건물을 짓고, 공공사업을 늘리면 일자리가 생기고, 소득이 늘어나며, 다시 소비가 활발해집니다. 이렇게 수요를 늘려 경제를 회복시키는 방법이 '유효수요 확대 정책'이에요.

경기가 침체돼 사람들이 지갑을 닫을 때 정부가 아무것도 하지 않으면 시장은 스스로 회복되지 못하고 더 깊은 불황에 빠집니다. 그래서 케인스는 정부가 적극적으로 지출을 늘려야 한다고 주장했어요. 일자리를 만드는 공공사업을 벌이거나, 세금을 낮춰 소비를 촉진시키는 구

체적인 방법을 제시했죠. 오늘날 우리가 알고 있는 재정 정책이 바로 이 생각에서 출발한 것입니다.

물론 정부가 돈을 많이 쓰면 부작용도 있습니다. 너무 많은 돈이 풀리면 물가가 오르고, 부채가 늘어날 수 있죠. 하지만 케인스는 불황기에는 일정한 부작용이 따르더라도 경제를 살리는 일이 더 중요하다고 보았어요. 경제가 살아나면 세금이 늘어나고, 그때 부채를 갚으면 된다는 것이죠.

케인스의 사상은 오늘날에도 살아 있습니다. 코로나19로 세계 경제가 멈췄을 때, 각국 정부는 지출을 늘리고 재난지원금을 지급하며 소비를 회복시키려 했습니다. 우리나라 역시 기업을 지원하고 일자리를 지키는 데 집중했죠. 이런 정책의 뿌리가 바로 케인스의 유효수요 이론이에요.

경제 위기가 닥칠 때마다 사람들은 묻습니다.

"정부는 어디까지 개입해야 할까?"

케인스의 대답은 분명했습니다. "시장은 완벽하지 않으니, 상황에 따라 정부가 나서야 한다." 이 생각은 지금도 세계 각국의 경제정책에

깊이 자리하고 있습니다. 결국 케인스가 전하고자 한 핵심은 단순해요. 경제는 사람들의 소비와 투자가 이어질 때 살아난다는 것이죠. 정부는 그 흐름이 끊기지 않도록 뒷받침하는 역할을 해야 합니다.

존 메이너드 케인스(1883~1946)

케인스는 영국의 경제학자로, 1930년대 대공황의 원인을 시장 실패와 수요 부족에서 찾았어요. 그는 불황기에는 경제 흐름을 시장에만 맡기기보다, 정부가 금리 인하와 재정 지출 확대를 통해 적극적으로 수요를 만들어야 한다고 주장했습니다. 그는 이러한 생각을 바탕으로 정부의 적극적 개입을 강조한 케인스주의 경제학을 제시했죠. 제2차 세계대전 이후, 많은 국가들은 경기 침체가 발생하면 정부가 적극적으로 개입해 경제를 안정시키는 정책을 채택했어요. 오늘날에도 경기 부양 정책과 재정 정책의 이론적 토대에는 케인스의 사상이 자리하고 있습니다.

세계 경제는 왜
내 지갑까지 흔들까?

01

나이키 신발은 왜 동남아에서 만들어질까?

나이키 신발 안쪽 라벨을 보면 'Made in Vietnam', 'Made in Indonesia'라는 문구가 눈에 띕니다. 미국 브랜드인데, 왜 생산지는 동남아일까요? 오늘날 우리가 사용하는 물건은 한 나라에서 처음부터 끝까지 만들어지지 않는 경우가 많아요. 설계와 기획, 재료 조달, 생산과 조립, 유통과 판매까지 여러 단계가 이어지기 때문입니다. 이 과정에서 어떤 일은 A 나라가, 또 어떤 단계는 B 나라가 맡기도 하지요. 그렇다면 왜 한 나라가 모든 것을 직접 하지 않고, 여러 나라가 역할을 나누어 협력하는 걸까요? 이 질문에서 출발해, 세계 경제가 움직이는 방식을 하나씩 살펴보려고 합니다.

분업이란 여러 사람이 한 가지 일을 나누어 맡아 함께 완성하는 것을 말해요.

혼자서 케이크를 굽고, 장식하고, 포장하고, 배달까지 모두 맡는다면 시간도 오래 걸리고 품질을 유지하기도 어렵겠죠. 하지만 반죽 담당, 오븐 담당, 장식 담당, 포장 담당처럼 역할을 나누면 훨씬 빠르고 완성도 높은 결과를 만들 수 있습니다. 이렇게 역할을 나누는 것이 분업이에요.

여기에 특화가 더해지면 효율은 더 높아집니다. 특화란 각자가 잘하는 일에 집중하는 것이에요. 분업이 '나누기'라면, 특화는 '집중하기'라고 할 수 있죠. 학교 축제를 준비할 때 노래를 잘하는 친구는 무대에 서고, 손재주가 좋은 친구는 장식을 맡고, 기획력이 뛰어난 친구는 전체 진행을 담당하면 행사 준비가 훨씬 수월해지는 것과 같은 이치입니다.

이 원리는 상품 생산 과정에만 적용되는 것이 아닙니다. 나라와 나라 사이의 관계에서도 똑같이 작동해요. 한 나라 안에서 필요한 물건을 전부 만드는 경우는 거의 없습니다. 기후와 자원, 기술 수준, 임금과 산업 구조가 각 나라마다 다르기 때문이죠. 어떤 나라는 반도체나 자동차에 강하고, 또 다른 나라는 식량이나 에너지 자원 생산에 강점을 가집니다.

각 나라가 자신이 유리한 분야에 집중해 생산하고, 그 결과물을 서로 주고받는 것이 바로 무역입니다. 개인 사이에서 물건을 교환하듯, 나라와 나라 사이에서도 교환이 이루어지는 것이죠. 무역은 물건을 사고파는 행위를 넘어, 분업과 특화를 바탕으로 이루어지는 협력의 방식이라고 할 수 있습니다.

이런 협력이 이어질수록 생산은 더 효율적으로 이루어지고, 사람들은 더 다양한 상품과 서비스를 누릴 수 있게 됩니다. 오늘날 세계 경제가 국경을 넘어 촘촘히 연결된 이유도 바로 여기에 있습니다.

절대우위 — 누가 더 효율적으로 만들까

그렇다면 한 나라가 다른 나라보다 더 효율적으로 생산할 수 있다는 건 어떤 의미일까요?

우선 '생산의 효율성'을 따져봐야 해요. 이는 같은 물건을 만들 때 얼마나 적은 비용과 노력이 드는지를 말합니다. 투입한 것에 비해 결과물이 좋을수록 효율적인 것이죠.

경제학자 애덤 스미스는 나라마다 이 효율성이 다르다는 점에 주목했어요. 그리고 어떤 나라가 다른 나라보다 더 적은 비용으로 같은 물건을 만들어낼 수 있을 때, 그 나라가 해당 물건 생산에 '절대우위(Absolute Advantage)'를 가진다고 했습니다.

갑국과 을국이 같은 품질의 복숭아와 포도를 만드는 경우를 가정해봅시다.

각 나라의 생산비는 다음과 같아요.

구분	복숭아	포도
갑국의 생산비	12달러	15달러
을국의 생산비	18달러	9달러

1개 생산할 때 드는 생산비

갑국은 복숭아를 만드는 데 12달러가 듭니다. 18달러가 드는 을국에 비해 더 낮은 비용으로 생산해낼 수 있죠. 반면, 포도는 을국의 생산비가 더 낮습니다. 즉, 갑국은 복숭아 생산에, 을국은 포도 생산에 절대우위를 가지고 있습니다. 따라서 두 나라는 각자 자신이 강점을 가진 상품에 집중해 생산하고, 서로 교환하는 것이 가장 효율적이에요.

갑국은 복숭아를 생산하는 데 집중하고, 을국은 포도에 더 집중한다면 두 나라 모두 더 많은 복숭아와 포도를 얻을 수 있겠죠.

이처럼 상대국보다 더 적은 비용으로 만들 수 있는 상품에 특화해 교환하면 두 나라 모두 이익을 얻을 수 있습니다. 이 원리를 설명한 것이 바로 애덤 스미스의 절대우위론이에요.

비교우위 — 상대적으로 더 효율적인 선택은 무엇일까?

하지만 현실은 이렇게 단순하지 않습니다. 만약 한 나라가 모든 상품을 더 효율적으로 만든다면, 다른 나라는 아무 이익도 얻지 못할까요?

경제학자 데이비드 리카도는 여기서 흥미로운 답을 제시했어요. 그는 "절대적인 생산비가 아니라, 상대적으로 더 낮은 기회비용이 중요하다."라고 설명했죠. 어떤 물건을 생산하기 위해 포기해야 하는 다른 물건의 양이 더 적은 쪽이 효율적이라는 뜻이에요.

리카도는 이 생각을 나라 간 무역에도 그대로 적용할 수 있다고 보았습니다. 어떤 나라가 모든 상품을 잘 만들더라도, 각 상품마다 포기해야 하는 비용이 다르기 때문에 비교해보면 '상대적으로 더 유리한 분야'가 생긴다는 거예요. 이처럼 기회비용이 더 낮은 상품에 특화하는 이점을 설명한 개념이 바로 '비교우위'입니다.

예를 들어 병국과 정국이 동일한 품질의 복숭아와 포도를 생산한다고 해봅시다.

각 나라의 생산비는 다음과 같아요.

구분	복숭아	포도
병국의 생산비	10달러	15달러
정국의 생산비	25달러	20달러

1개 생산할 때 드는 생산비

겉으로 보면 병국이 복숭아도, 포도도 더 싸게 만들어요. 즉, 병국은 모든 상품에서 절대우위를 가지고 있죠. 하지만 비교우위는 결과가 다르게 나타납니다.

구분	복숭아	포도
병국의 기회비용	포도 10/15개 (약 0.67개)	복숭아 15/10개 (=1.5개)
정국의 기회비용	포도 25/20개 (=1.25개)	복숭아 20/25개 (=0.8개)

1개 생산에 따른 기회비용

병국이 복숭아 1개를 만들면 포도 10/15개(약 0.67개)를 포기해야 하고, 정국이 복숭아 1개를 만들면 포도 25/20개(1.25개)를 포기해야 합니다. 복숭아를 생산할 때 포기해야 하는 양, 즉 기회비용이 더 적은 쪽은 병국이에요. 따라서 병국은 복숭아 생산에 비교우위를 가집니다.

이번에는 포도를 살펴볼까요? 병국이 포도 1개를 만들면 복숭아 15/10개(1.5개)를 포기해야 하지만, 정국은 포도 1개를 만들 때 복숭아 20/25개(0.8개)만 포기하면 돼요. 따라서 정국은 포도 생산에 비교우위를 갖게 됩니다.

이제 두 나라가 자신이 비교우위를 가진 상품에 특화해 생산하고 교환하면 어떻게 될까요?

병국은 복숭아를, 정국은 포도를 중심으로 생산합니다. 병국이 복숭아 2개, 정국이 포도 2개를 만들어 복숭아 1개와 포도 1개를 교환하기로 했다고 해볼게요.

병국은 포도 10/15개를 포기하고 만든 복숭아 1개를 팔아 포도 1개를 얻으니 결과적으로 포도 5/15(약 0.33개)만큼의 이익을 얻습니다. 정국은 복숭아 20/25개를 포기하고 만든 포도 1개를 팔아 복숭아 1개를 얻으니 복숭아 5/25(0.2개)만큼의 이익을 얻죠.

이를 표로 정리하면 다음과 같아요.

구분	무역 이전	특화 및 교환	무역 이후
병국	복숭아 1개 생산 시 포도 10/15개(약 0.67개)를 포기함 → 복숭아 생산에 비교우위	복숭아 2개 생산 후 복숭아 1개 ↔ 포도 1개 교환	복숭아 1개 판매 후 포도 1개 획득 → 포도 5/15(약 0.33개) 이익
정국	포도 1개 생산 시 복숭아 20/25개(약 0.8개)를 포기함 → 포도 생산에 비교우위	포도 2개 생산 후 복숭아 1개 ↔ 포도 1개 교환	포도 1개 판매 후 복숭아 1개 획득 → 복숭아 5/25(0.2개) 이익

이처럼 기회비용이 더 낮은 상품에 특화하면, 두 나라는 모두 교환을 통해 더 큰 이익을 얻을 수 있어요. 이것이 리카도가 말한 비교우위론이에요. 결국 절대적으로 더 잘하는 것보다, 상대적으로 더 효율적인 선택이 진짜 이익을 만들어낸다는 뜻이죠.

나이키의 생산 방식으로 보는 비교우위의 현실

이제 이 원리를 나이키 신발에 적용해볼까요?

미국은 신발도, 반도체도, 인공지능도 잘 만들 수 있는 나라예요. 하지만 같은 시간에 신발을 만드는 대신 AI 기술을 개발한다면 훨씬 더 큰 이익을 얻을 수 있겠죠. 즉, 미국은 신발보다 첨단 산업에 비교우위가 있습니다.

반면 베트남, 인도네시아 같은 동남아시아 국가는 첨단 기술은 아직 부족하지만, 노동력과 생산 숙련도에서 강점을 가지고 있어요. 이들 국가는 신발을 정확하고 빠르게, 그리고 저렴하게 만들어 낼 수 있죠. 따라서 이 지역은 신발 생산에 비교우위가 있습니다.

그래서 나이키는 미국에서 디자인과 기술 개발을 담당하고, 동남아에서는 생산과 조립을 맡깁니다. 이렇게 각자가 잘할 수 있는 분야에 집중하면 신발은 더 효율적으로, 더 합리적인 가격으로 만들어질 수 있어요.

내가 모든 걸 다 잘한다고 해서 혼자 독차지하는 것보다, 서로의 강점을 나눌 때 '나의 이익'과 '세상의 부'가 동시에 커진다는 사실, 이것이 바로 비교우위가 숫자로 증명해낸 협력의 가치입니다.

절대우위 절대우위란 같은 양의 자원으로 더 많이, 더 빠르게, 더 정확하게 생산할 수 있는 능력을 말합니다. 즉, 같은 시간에 더 높은 성과를 내는 사람이나 기업, 나라가 그 일에 대한 절대우위를 가진 거예요. 예를 들어, 두 명의 학생이 같은 시간 동안 문제집을 푼다고 해봅시다. 찬우는 1시간에 10문제를, 민기는 6문제를 정확히 풀어요. 같은 시간에 더 많은 문제를 푼 찬우가 민기에 비해 문제 풀이에서 절대우위를 가진 것이죠. 이 개념을 경제에 적용하면, 한 기업이 다른 기업보다 적은 재료와 시간으로 제품을 완성하거나, 한 나라가 같은 인력으로 더 많은 생산량을 만들어낼 수 있을 때, 그 기업이나 나라가 해당 상품에 대해 절대우위를 가진다고 할 수 있습니다. 기술력, 교육 수준, 생산 인프라, 숙련도 같은 요소가 장기적으로 절대우위를 결정짓는 중요한 기반이 됩니다. 그래서 절대우위는 단발적인 능력의 차이가 아니라, 꾸준한 혁신과 경쟁력의 결과라고 할 수 있어요.

비교우위 비교우위란 어떤 생산자가 다른 생산자보다 더 적은 기회비용으로 재화나 서비스를 생산할 수 있는 능력을 말해요. 기업이나 국가는 자신이 가진 노동력, 자본, 기술을 비교우위가 있는 분야에 집중적으로 배분해야 해요. 이 원리에 따르면 세상에 쓸모없는 생산 요소는 없어요. 모든 자원은 자신이 가장 효율적으로 쓰일 수 있는 자리가 있다는 뜻이죠. 비교우위에 따라 생산 요소를 알맞게 배분하면 자연스럽게 특화와 전문화가 이루어지고, 그 결과 더 많은 재화를 생산하고 소비할 수 있게 됩니다.

값싼 노동력 없이
지금처럼 살 수 있을까?

오늘 입은 옷의 라벨을 한 번 살펴볼까요?

'Made in Bangladesh', 'Made in Vietnam', 'Made in China'.

대부분의 옷이 다른 나라에서 만들어졌다는 걸 알 수 있을 거예요.

그렇다면 이런 생각이 들 수 있죠.

'왜 우리는 다른 나라에서 만든 옷을 입을까?'

'우리나라에서도 만들 수 있는데, 굳이 멀리서 가져올 필요가 있을까?'

패스트패션 브랜드들은 매달 새로운 옷을 내놓고, 우리는 그 옷을 몇 천 원, 몇 만 원이면 쉽게 살 수 있습니다. 하지만 그 옷 한 벌을 만드는 데 누군가는 하루 10시간 넘게 재봉틀 앞에서 일하고 있을지도 몰라요.

2022년, 방글라데시의 한 의류 공장 노동자의 월급은 약 120달러, 우리 돈으로 15만 원 정도였어요. 그런데 같은 브랜드의 청바지는 서울 매장에서 10만 원이 넘게 팔리고 있었죠.

이런 구조를 '저임금 생산 체계', 또는 '세계적인 불균형 생산 구조'라고 부를 수 있습니다. 부유한 나라의 기업은 인건비가 낮은 나라에서 제품을 생산하고, 우리는 그 덕분에 값싸고 다양한 물건을 손쉽게 소비합니다. 하지만 그 편리함의 뒤에는 누군가의 낮은 임금과 긴 노동시간이 숨어 있다는 사실을 우리는 종종 잊고 지내요.

그럼 이런 구조는 왜 생겼을까요?

기업 입장에서는 생산비를 줄이는 게 경쟁력이에요. 노동자의 인건비가 싼 나라에 공장을 세우면 더 많은 제품을 더 빠르게 생산할 수 있죠. 이건 분명 경제적으로 효율적인 선택이에요. 하지만 그 효율이 '누군가의 희생'을 기반으로 한다면 과연 진짜로 옳은 일일까요?

최근에는 이런 방식에 문제를 제기하는 목소리도 커지고 있어요. 애플의 협력업체였던 중국의 폭스콘 공장에서는 2023년에도 여전히 과도한 근무시간과 열악한 숙소 환경이 문제로 지적됐습니다. 우리가 쓰는 스마트폰이 만들어지는 과정에 그런 현실이 존재한다는 건 생각보다 낯설고도 불편한 사실이죠.

하지만 세상은 조금씩 바뀌고 있어요. 요즘은 패션 브랜드 중에서도 '공정무역 의류' 라벨을 붙이거나, 노동자의 권리와 환경을 함께 지키는 '윤리적 생산'을 내세우는 곳이 늘고 있습니다. 소비자들 역시 '싸다고 다 좋은 건 아니야.'라는 쪽으로 생각을 바꾸고 있죠.

예를 들어, 영국에서 시작된 '패션 레볼루션(Fashion Revolution)' 운동에서 소비자들은 패션 기업에게 "이 옷을 누가 만들었나요?"라고 묻는 캠페인에 적극적으로 동참했습니다. 사람들은 옷의 라벨을 찍어 '#Who Made My Clothes(누가 내 옷을 만들었나)'라는 해시태그와 함께 SNS에 올렸고, 이 운동은 세계 곳곳에서 공장 노동자의 근무 환경을 실제로 바꾸는 계기가 되었습니다.

우리가 사용하는 스마트폰, 옷, 신발, 가전제품은 대부분 임금이 낮은 나라의 공장에서 만들어집니다. 그 덕분에 우리는 다양한 제품을 저렴한 가격에 손쉽게 살 수 있지만, 그 뒤에는 이름조차 모르는 수많은 노동자의 땀과 노력이 배어 있다는 사실을 잊지 않아야 해요.

우리는 공정한 대가를 지불한 제품을 선택하고, 생산 과정에 깃든 사람과 환경의 가치를 존중해야 합니다. 이러한 작은 변화들이 하나둘 모이면, 거칠기만 했던 시장 경제도 점차 공정하고 지속 가능한 모습으로 궤도를 수정하게 될 것입니다.

02

환율은 어떻게 바뀌고
왜 중요할까?

요즘 해외 직구로 물건을 구매하는 경우가 많지요. 예를 들어, 미국 온라인몰에서 100달러짜리 운동화를 샀다고 해 봅시다. 얼마 전만 해도 환율이 1달러에 1300원이라서 운동화 값이 13만 원 정도였는데, 최근엔 환율이 1달러에 1400원으로 오르면서 14만 원이 되었어요. 운동화의 달러 가격은 그대로인데, 환율이 오르자 우리 돈으로 계산한 가격이 1만 원이나 비싸진 거죠. 운동화의 품질도, 배송비도 변한 게 없는데 왜 우리가 치르는 값이 달라졌을까요? 그 차이를 만든 건 바로 환율입니다. 그렇다면 환율은 무엇을 기준으로 정해질까요? 지금부터 환율은 왜 오르고 내리는지, 그리고 환율이 변하면 우리 생활에 어떤 영향을 미치는지 알아보려 합니다.

법적인 가치를 인정받는 화폐는 그 법이 미치는 나라 안에서만 공식적인 힘을 가집니다. 그래서 우리나라에서 사용하는 '원화'는 우리나라에서, 미국의 '달러화'는 미국에서, 중국의 '위안화'는 중국에서 주로 사용됩니다. 그런데 세계 여러 나라가 서로 물건을 사고파는 무역을 하다 보면, 자연스럽게 각 나라의 돈을 서로 바꿔야 하는 상황이 생깁니다. 나라와 나라 사이의 교역에서 물물교환으로 거래를 할 수는 없기 때문이죠.

그래서 서로 다른 나라의 돈이 얼마만큼의 가치를 가지는지를 정해두고, 그 기준에 따라 돈을 주고받게 됩니다. 이때 사용되는 기준이 바로 환율이에요. 해외 여행을 할 때도 마찬가지입니다. 다른 나라에서는 자기 나라 돈으로 바로 물건을 살 수 없기 때문에, 서로의 돈을 어떤 비율로 바꿀지를 정해두어야 합니다.

환율은 한 나라의 돈을 다른 나라의 돈으로 바꿀 때 적용되는 비율로, 두 화폐의 가치를 비교하는 기준이에요. 만약 1달러 환율이 1300원이라면, 1달러를 얻기 위해 우리 돈 1300원을 내야 한다는 뜻이죠.

환율이 변하면 같은 물건의 가격도 달라집니다. 미국 온라인 쇼핑몰에서 10달러짜리 가방을 구매한다고 가정했을 때, 1달러당 환율이 1380원이면 1만 3800원에, 1450원이면 1만 4500원에 사게 됩니다. 달러로 매겨진 가격도, 제품의 품질도 그대로인데 환율 변화만으로 체감 가격이 달라지는 거예요.

환율의 변화는 개인의 소비를 넘어, 기업과 국가의 선택에도 영향을 미칩니다. 환율이 오르면 외국 물건을 사는 데 드는 비용이 늘고, 우리나라 제품은 외국 시장에서 상대적으로 싸게 팔리게 됩니다. 반대로 환율이 내려가면 해외 소비와 여행 부담은 줄어들지만, 수출 기업의 가격 경쟁력은 떨어질 수 있어요. 기업의 수출입 전략과 생산 계획 역시 환율 변화에 따라 달라집니다.

이처럼 환율은 우리가 외국 물건을 살 때 느끼는 가격 변화뿐 아니라, 기업의 선택과 나라 전체의 경제 흐름에까지 영향을 미칩니다. 특히 무역 비중이 큰 나라일수록 환율 변화에 더 민감할 수밖에 없어요. 환율은 세계 경제 속에서 한 나라의 화폐 가치가 어떻게 평가되고 있는지를 나타내기 때문입니다.

환율은 어떻게 정해질까? — 수요와 공급의 법칙

그렇다면 환율은 어떻게 정해질까요? 대부분의 경우, 시장의 원리, 즉 수요와 공급에 따라 환율이 결정됩니다. 예를 들어 우리나라에 외국인 관광객이 많이 찾아왔다고 해볼게요. 외국인 관광객들은 숙박비나 식비를 내기 위해 자신이 가지고 온 달러를 원화로 바꿉니다. 이 과정에서 은행으로 들어오는 달러가 늘어나고, 시장에는 달러의 공급이 많아집니다. 달러가 넉넉해지면 굳이 비싼 값을 주고 달러를 살 필요가 없어지기 때문에, 원/달러 환율은 내려가게 됩니다.

반대로 우리나라 사람들이 미국 여행이나 유학을 많이 간다고 해볼까요? 비행기표나 학비, 숙박비를 달러로 내야 하니 달러를 사려는 사람이 늘어나죠. 이렇게 달러에 대한 수요가 커지면, 달러의 값이 올라가면서 원/달러 환율도 함께 오르게 됩니다. 즉, 달러를 사려는 사람이 많아지면 환율은 오르고, 달러가 시장에 많이 풀리면 환율은 내려갑니다.

이는 우리가 시장에서 물건을 사고팔 때와 같은 원리예요. 물건이 귀하면 가격이 오르고, 물건이 넉넉하면 가격이 내려가듯, 달러의 가격도 수요와 공급에 따라 달라지는 것입니다.

이처럼 환율에 대해 정부가 개입하지 않고 시장의 흐름에 맡게 스스로 변하도록 하는 것을 '변동환율제도'라고 합니다. 우리나라도 이 제도를 채택하고 있어서, 환율은 인위적으로 고정되어 있지 않고 매일, 매시간 달러의 수요와 공급에 따라 달라지고 있어요.

환율이 오르면 웃는 사람, 내리면 웃는 사람

이제 환율이 오르거나 내릴 때 누가 웃고, 누가 울게 되는지 살펴볼까요?

먼저, 환율이 1달러 1300원에서 1400원으로 올랐다고 가정해봅시다. 이건 같은 1달러를 사기 위해 예전에는 1300원이 필요했지만 이제는 1400원을 내야 한다는 뜻이에요. 이럴 때는 우리나라 돈의 가치가 떨어진 것으로, 이를 '원화가 절하되었다.', 또는 '원화 가치가 하락했다.'라고 말해요.

이럴 때 가장 이익을 보는 쪽은 수출 기업이에요. 외국에서 받은 달러를 원화로 바꿀 때 더 많은 원화를 받을 수 있기 때문이죠. 예를 들어 1만 달러를 벌었다면, 환율이 1300원일 때는 1300만 원이지만 1400원일 때는 1400만 원을 얻게 됩니다. 같은 물건을 팔았는데, 환율이 오른 덕분에 수익이 늘어나는 것이죠.

반대로 수입 기업, 해외 여행객, 유학생에게는 불리합니다. 외국 제품을 사 오거나 해외로 돈을 보낼 때 더 많은 원화를 써야 하니까요. 예를 들어 유학 중인 학생의 부모님이 학비 1만 달러를 송금해야 한다면 환율이 1300원일 때는 1300만 원, 1400원일 때는 1400만 원이 필요해지는 거예요. 그래서 환율이 오르면 가계 부담이 커진다는 말이 나오는 겁니다.

그렇다면 환율이 1달러에 1400원에서 1300원으로 내려간다면 어떤 일이 생길까요? 이 경우는 같은 1달러를 사기 위해 예전보다 적은 원화를 내면 되기 때문에 우리 돈의 가치가 높아진 거예요. 이렇게 우리나라 화폐의 가치가 상승하는 것을 '원화가 절상되었다.' 또는 '원화 가치가 상승했다.'라고 말해요. 이럴 때는 수입 기업과 해외 제품 소비자가 이익을 봅니다. 외국에서 들여오는 원유나 밀 같은 주요 원자재의 가격이 낮아지고, 해외에서 구매하는 전자 부품이나 기계 설비를 사올 때도 부담도 줄어들기 때문이에요. 해외 여행을 가거나 유학비를 내는 사람들도 환전할 때 이득을 보죠. 하지만 수출 기업은 반대로 손해를 볼 수 있습니다. 외국에서 받은 달러를 바꿀 때 예전보다 적은 원화를 받게 되기 때문에요.

결국 환율은 시소처럼 작용합니다. 한쪽이 오르면 다른 쪽은 내려가고, 누군가에겐 이익이 되지만 또 다른 누군가에겐 부담이 되죠. 그래서 정부와 기업은 환율이 크게 요동치지 않도록 항상 긴장하며 그 변화를 세심하게 지켜봅니다. 환율이 안정되어야 기업은 수출입 계획을 세우기 쉽고, 국민의 생활비 부담이 커지지 않으며 물가도 안정될 수 있기 때문이에요.

환율이 미치는 생활 속 파급력

환율은 해외 여행이나 수출입처럼 직접 달러가 오가는 상황에서만 영향을 미치는 건 아니에요. 환율 변동은 한 나라의 물가, 투자, 금리까지 흔들어놓습니다. 환율이 오르면 수입품 가격이 오르고, 커피, 밀, 석유처럼 외국에서 들여오는 원자재 값이 상승하죠. 결국 라떼 한 잔 값, 휘발유 1리터 값이 오르는 이유 중 하나가 환율이에요. 이걸 '수입 물가 상승'이라고 부릅니다.

또한 환율이 오르면 외국인 투자자들은 한국 자산의 매력을 덜 느끼게 됩니다. 원화 가치가 떨어지면, 그들이 한국에서 번 돈을 달러로 바꿔 갈 때 수익이 줄어들기 때문이에요. 그래서 환율은 주식 시장에도 영향을 미치고, 국가 전체의 자본 이동에도 변화를 일으켜요. 2022년 러시아-우크라이나 전쟁 이후 세계 불안이 커지면서 달러가 강세를 보였어요. 그 결과 원/달러 환율이 1400원을 넘자 국내 휘발유 가격과 항공료, 전자제품 수입 가격이 크게 올랐죠.

이처럼 환율은 한 나라의 경제 체력과 신뢰를 보여주는 세계 경제의 풍향계예요. 바람의 방향이 바뀌면 날씨가 달라지듯, 환율이 움직이면 세계 자본의 흐름과 무역의 방향이 달라집니다. 경기가 좋아지고 외국인이 한국에 투자하면 원화를 사려는 사람이 많아져 환율이 내려가요. 이때는 우리 돈의 가치가 높아지는 '원화 강세' 현상이 나타납니다. 반대로 경제가 불안하면 안전한 자산으로 여겨지는 달러를 찾는 사람이 많아져 환율이 오르게 돼요. 이 경우는 우리 돈의 가치가 떨어지는 '원화 약세' 상태예요.

그래서 경제 뉴스에서 "환율이 출렁인다."라는 말이 나올 때는 주의 깊게 봐야 해요. 이는 경제가 예측하기 힘들 만큼 불안정하게 흔들리고 있다는 비상 신호거든요. 결국 환율을 이해한다는 건 세계 경제의 흐름을 읽는 힘을 갖는다는 뜻이에요.

 # 고정환율제도 고정환율제도는 환율의 변동을 인정하지 않거나, 변동 폭을 매우 좁게 제한하는 제도를 말해요. 가장 전통적인 형태가 19세기 말부터 20세기 초까지 운영되었던 금 본위제입니다. 금 본위제 아래에서는 각 나라가 자국 통화의 가치를 일정한 양의 금에 고정해두고, 필요하면 자국 통화를 금으로 바꿔 주는 '금태환성'을 약속했어요. 예를 들어, 어떤 나라가 "우리 돈 1단위는 금 몇 g과 같다."라고 정해두면 다른 나라의 통화 가치도 자연스럽게 금을 기준으로 비교할 수 있었죠. 이렇게 모든 통화의 가치가 금이라는 공통 기준에 묶여 있었기 때문에 환율을 안정적으로 유지할 수 있었습니다. 이 제도의 장점은 국제 무역과 투자에서 예측 가능성이 높아진다는 점이에요. 반면 환율을 스스로 조정할 수 없기 때문에, 무역 적자나 자본 유출 같은 대외 충격이 발생하면 물가 불안이나 경기 침체로 바로 이어질 수 있다는 한계가 있었어요.

 # 변동환율제도 변동환율제도는 외환 시장에서의 수요와 공급에 따라 환율이 자유롭게 움직이도록 두는 제도입니다. 환율을 인위적으로 고정하려는 고정환율제도와 달리, 시장의 변화가 환율에 바로 반영된다는 점이 특징이에요. 변동환율제도의 장점은 환율이 스스로 오르내리며 경제의 불균형을 자연스럽게 맞춰준다는 점입니다. 하지만 환율 변동 폭이 클 경우, 수입 물가가 자주 변해 가격이 불안정해지고, 기업도 미리 정해 둔 원가, 판매 가격, 수익 예상이 계속 달라지면서 생산과 수출 계획을 세우기 어려워지는 단점이 있습니다.

평가절상, 평가절하 재화나 서비스의 가격이 시장의 공급과 수요에 따라 정해지듯, 환율 역시 두 나라 화폐의 수요와 공급에 따라 결정됩니다. 우리나라의 경우 수출과 수입 거래의 대부분이 미국 달러화로 이루어지기 때문에, 수출이 수입보다 많아지면 국내로 들어오는 달러의 양이 늘어납니다. 그러면 달러의 공급이 많아져 달러의 가격은 내려가게 되죠. 예를 들어 이전에는 1달러를 사기 위해 1400원이 필요했다면, 달러 공급이 늘어난 뒤에는 1300원만으로도 1달러를 살 수 있게 됩니다. 이처럼 달러의 가치가 낮아지고 상대적으로 우리 돈의 가치가 높아진 경우, 원화의 평가절상이라고 말해요. 반대로 같은 상황을 달러의 입장에서 보면, 달러의 가치가 떨어진 것이므로 달러의 평가절하라고 표현해요.

안전 자산 전쟁이나 전염병(팬데믹) 시기처럼 세계 경제가 흔들리고 불안할 때, 투자자들은 돈을 잃지 않기 위해 가장 믿을 수 있는 투자 대상을 찾습니다. 이처럼 원금의 가치가 크게 손실되지 않고 유지될 것이라고 믿을 수 있는 자산을 '안전 자산'이라고 해요. 세계 1등 경제 대국인 미국의 '달러'나, 가치가 잘 변하지 않는 '금'이 대표적이죠. 그래서 위기가 닥치면 너도나도 안전한 달러를 사려고 몰려들기 때문에, 달러의 인기가 치솟고 환율도 껑충 오르게 됩니다. 안전 자산은 주식, 부동산과 같은 위험 자산에 비해 수익률은 낮지만 비교적 원금 보존 가능성이 높다는 장점이 있습니다.

엔화가 싸졌다고
좋아해도 되는 걸까?

간혹 뉴스에서 '엔저(円低), 일본 여행 특수!'라는 제목이 보일 때가 있습니다. 이럴 때 공항에는 일본으로 향하는 여행객들이 길게 줄을 서고, 항공권과 숙소 예약은 연일 매진이 되죠.

이유는 간단합니다. 환율이 변했기 때문이에요. 엔화의 가치가 내려가면 같은 원화를 가지고도 일본에서 더 많은 물건과 서비스를 살 수 있습니다. 그 결과 예전보다 식사비나 쇼핑 비용에 대한 부담이 줄어든 것처럼 느껴지고, 여행에 드는 전체 비용도 한결 가볍게 느껴지죠.

예를 들어 일본에서 200엔짜리 음료를 산다고 해볼까요? 엔화 가치가 내려간 상황에서는 같은 200엔이라도 우리가 실제로 지불해야 하는 원화 금액이 더 적어집니다. 이렇게 엔화의 가치가 낮아지면서 외국인의 눈에 일본 물가가 상대적으로 싸게 느껴지는 현상을 '엔저'라고 부릅니다.

엔저는 한국 관광객에게 분명 반가운 소식이에요. 여행 경비가 줄고, 숙박과 식사, 쇼핑이 모두 저렴하게 느껴지니까요.

하지만 이 상황을 조금 다르게 바라보면 이야기가 달라집니다. 엔화 가치가 떨어졌다는 건 일본의 화폐 가치가 그만큼 떨어졌다는 뜻이에요. 일본 사람 입장에서는 해외 상품을 사거나 외국으로 여행을 갈 때 더 많은 엔화를 내야 합니다. 한국에 오는 일본 관광객이 예전과 같은 10만 엔을 들고 온다고 해도, 원화로 환전하면 이전보다 적은 돈을 손에 쥐게 되죠. 그만큼 한국의 숙박비, 식사, 쇼핑이 모두 비싸게 느껴집니다.

엔저는 일본의 수출 기업에게는 유리합니다. 일본 제품의 가격 경쟁력이 높아져 해외 시장에서 더 많이 팔릴 수 있기 때문이죠. 예를 들어, 같은 자동차 한 대를 수출해도 엔화로 환산한 금액이 더 많아지기 때문에 기업의 이익이 늘어납니다. 반면 일본의 수입 기업은 손해를 봅니다. 원유나 식품, 원자재 같은 수입품 가격이 오르기 때문이에요. 이런 구조 때문에 엔저가 심해질수록 일본 내 물가가 오르고, 가계의 부담도 커집니다.

우리나라 입장에서도 엔저는 마냥 좋은 일만은 아닙니다. 한국과 일본은 전자제품, 자동차, 반도체 장비 등 비슷한 산업 분야에서 경쟁하고 있기 때문이에요. 엔화가 싸지면 일본 제품의 수출 가격이 낮아져 한국 기업이 수출 시장에서 불리해질 수 있습니다. 같은 품질의 상품이라면 더 싼 일본 제품을 선택하는 나라가 많아지기 때문이죠.

엔저가 길어지면, 일본 기업이 생산한 상품의 가격 경쟁력은 높아질 수 있습니다. 일본 기업이 만든 제품 가격이 외국에서 더 싸게 보이기 때문이죠. 하지만 일본 내에서는 수입 물가가 오르면서 가계의 실질소득이 줄어드는 현상이 나타납니다. 외국에서 들여오는 원자재나 에너지, 생활필수품의 가격이 상승해, 같은 소득으로 살 수 있는 물건의 양이 줄어들게 되죠. 그 결과 소비가 위축되고, 일본 경제 전체의 활력도 함께 떨어질 수 있다는 걱정이 커집니다.

그래서 엔저를 바라보는 시선은 나라마다, 또 입장마다 다릅니다. 외국인 관광객에게는 여행과 쇼핑이 저렴해져 기회가 되지만, 일본 국민에게는 물가 상승과 생활비 부담으로 느껴질 수 있어요. 결국 엔저 현상은 누군가에게는 기회이지만, 다른 누군가에게는 부담이 되는 양면적인 결과를 가져옵니다.

한 나라의 화폐 가치가 떨어지는 일은 단순히 여행 비용이 줄어드는 문제가 아니라, 그 나라의 경제 체력과 신뢰도에도 영향을 미치는 중요한 변화예요. 그래서 환율 변화는 단순히 '이득'이나 '손해'의 문제로만 볼 것이 아니라, 그 변화가 각 나라의 산업 구조와 경제 전반에 어떤 영향을 주는지를 함께 살펴봐야 합니다.

03

우리는 어떻게 전 세계와 거래하고 있을까?

지금 여러분이 입고 있는 옷, 손에 쥔 스마트폰, 아침에 마신 커피를 한번 떠올려볼까요? 티셔츠의 면은 인도에서 재배됐을 수 있고, 스마트폰 속 부품은 한국, 대만, 미국을 거쳐 완성되었을지도 몰라요. 이처럼 우리의 하루는 이미 세계와 연결되어 있습니다. 아침에 눈을 뜨는 순간부터 옷을 입고, 휴대폰을 쓰고, 음식을 먹으며 전 세계와 거래하고 있는 셈이에요. 이걸 가능하게 하는 것이 바로 국제무역, 즉 나라와 나라가 서로 물건과 서비스를 사고파는 활동이에요. 하지만 오늘날의 무역은 단순히 '물건을 주고받는 일'이 아닙니다. 세계는 이제 하나의 거대한 협력 시스템, 서로 의존하며 함께 움직이는 경제 네트워크로 변했어요. 그렇다면 지금 우리는 어떤 방식으로 세계와 거래하고 있을까요?

예전에는 많은 나라가 '우리가 쓸 물건은 우리가 만든다.'라는 생각을 지니고 살았어요. 다른 나라와의 거래보다 자급자족을 중요하게 여겼던 거죠. 하지만 산업이 발전하고 교통과 통신이 발달하면서 상황이 달라졌습니다. 모든 것을 한 나라 안에서 해결하기보다는, 각 나라가 잘하는 것을 서로 교환하는 편이 훨씬 효율적이라는 사실을 깨닫게 된 거예요. 이때부터 무역은 한 나라 경제를 움직이는 중요한 축이 되었습니다.

그러나 무역이 늘 순조롭기만 했던 것은 아니에요. 외국 상품이 대량으로 들어오면 자국 기업이나 농업이 어려워질 수 있기 때문에, 많은 나라들은 자국 산업을 보호하려는 보호무역 정책을 함께 펼쳐왔습니다. 외국산 자동차에 높은 관세를 매기거나, 농산물의 수입량을 제한하는 방식이 대표적이에요. 이런 정책은 국내 산업을 지키는 데 도움이 되기도 하지만, 동시에 물가 상승이나 소비자의 선택권 축소라는 부작용을 낳기도 했습니다.

이러한 문제의식 속에서 등장한 개념이 자유무역이에요. 자유무역은 나라 사이의 관세나 수입 제한 같은 장벽을 줄여, 물건과 서비스가 보다 자유롭게 오가도록 하자는 생각입니다. 쉽게 말해, '서로 잘하는 것을 더 편하게 사고팔자.'라는 약속이라고 할 수 있어요. 이를 제도적으로 정리한 대표적인 사례가 자유무역협정, 즉

FTA(Free Trade Agreement)입니다.

한국은 미국, 유럽연합(EU), 아세안, 호주, 칠레 등 여러 나라와 FTA를 맺고 있어요. FTA가 체결되면 자동차, 농산물, 전자제품 등에 붙던 관세가 줄어들거나 사라져 수입품은 더 저렴해지고, 수출품의 경쟁력은 높아집니다. 실제로 한·미 FTA 이후 미국산 오렌지, 치즈, 와인의 가격은 낮아졌고, 한국산 자동차와 반도체, 휴대폰은 미국 시장에서 판매가 늘었어요. EU와의 FTA 덕분에 유럽의 패션과 화장품이 더 쉽게 들어오는 동시에, K-푸드와 전자제품도 유럽 곳곳으로 수출될 수 있었죠.

여기서 중요한 점은, 자유무역이 보호무역을 완전히 사라지게 한 것은 아니라는 사실이에요. 오늘날에도 많은 나라는 자유무역을 기본으로 하면서, 동시에 전략적인 보호무역 정책을 함께 사용하고 있습니다. 외국산 물건에 관세를 매기거나, 수입량을 제한하는 방식뿐 아니라, 기술 기준이나 안전 규정을 까다롭게 만들어 외국 기업의 진입을 어렵게 하는 비관세 장벽도 활용되고 있죠.

특히 최근의 보호무역은 단순히 국내 산업을 지키는 수준을 넘어, 국가 경쟁력과 기술 주도권을 확보하기 위한 전략으로 나타나고 있습니다. 예를 들어 미국은 반도체나 전기차 배터리처럼 국가 안보와 직결된 산업에서는 자국 내 생산 기업에 보조금과 세금 감면을 제공하는 한편, 경쟁국에서 들어오는 일부 제품에는 관세와 수입 기준을 강화하는 정책을 병행하고 있어요.

이처럼 오늘날의 세계 경제는 자유무역과 보호무역 중 하나를 선택하는 게 아니라, 두 정책을 상황에 맞게 조합해 운용하는 방향으로 움직이고 있습니다. 국경을 넘는 거래는 점점 더 늘어나고 있지만, 각 나라는 여전히 자국의 경제와 산업을 지키기 위한 선택도 동시에 고민하고 있는 것이죠.

하나의 제품, 수많은 나라 — 글로벌 공급망의 시대

지금은 한 나라가 모든 것을 혼자서 만드는 시대가 아니에요. 기술과 교통, 통신이 발달하면서 각 나라가 저마다 잘하는 부분을 맡아 분업하는 게 훨씬 효율적이라는 걸 알게 되었죠. 그래서 하나의 제품이 여러 나라의 공장을 거쳐 완성되는 구조가 만들어졌습니다. 이걸 '글로벌 공급망'이라고 해요.

스마트폰 한 대를 떠올려봅시다. 설계는 미국에서 하고, 반도체는 한국과 대만에서, 디스플레이는 일본에서, 배터리는 중국에서 만들어져요. 이렇게 만들어진 부품들이 베트남의 공장에서 조립되어 '메이드 인 베트남'이라는 이름으로 전 세계로 수출됩니다.

기술력이 강한 나라는 설계를, 인건비가 낮은 나라는 조립을 맡아 협력하면서, 더 효율적인 생산 과정을 거치게 되고, 덕분에 제품의 품질은 높아지고 가격은 낮아졌어요.

하지만 이 시스템은 한쪽이 멈추면 쉽게 흔들립니다. 실제로 특정 국가에서 반도체 생산이 차질을 빚거나, 주요 항만이 막혀 물류가 지연되면 자동차, 가전제품, 게임기 같은 완성품의 생산과 출하가 동시에 늦어지는 일이 반복되어왔어요. 자동차 한 대에는 수백 개의 반도체가 들어가기 때문에, 아주 작은 부품 하나만 공급이 끊겨도 공장 전체가 멈출 수 있습니다. 이런 사례들을 통해 오늘날 세계 경제가 서로 얼마나 촘촘하게 연결되어 있는지 알 수 있습니다.

이제 글로벌 공급망은 단순히 물건이 오가는 통로가 아니라, 기술, 정보, 인력까지 함께 움직이는 협력의 네트워크가 되었어요. 오늘날의 무역은 더 이상 물건만의 교환이 아니라, 지식과 기술이 함께 흐르는 '지식 무역'의 시대로 발전하고 있는 거예요.

보이지 않는 무역 — 데이터, 콘텐츠, 서비스의 시대

한때 무역이라 하면, 배에 실린 자동차나 석유처럼 눈에 보이는 물건을 떠올렸어요. 하지만 지금의 무역은 무척 달라졌습니다. 이제는 보이지 않는 무역, 즉 서비스와 콘텐츠 교류가 중심이 되고 있어요. BTS의 콘서트 영상이 유튜브로 전 세계에 생중계되고, 넷플릭스에서 한국 드라마가 190개국에 동시에 공개되고, 한국의 게임이 해외에서 수천만 번 다운로드된다면, 이건 모두 물건이 아닌 디지털 서비스를 수출하는 '디지털 수출'이에요.

요즘은 웹툰과 웹소설도 대표적인 수출 품목이에요. 카카오웹툰, 네이버웹툰은 미국과 일본, 인도네시아 시장에서 큰 인기를 얻고 있죠. 그림 한 컷, 이야기 한 줄에서 비롯된 콘텐츠 자체가 국경을 넘어 거래되는 시대가 된 거예요. 또한 AI 번역이나 클라우드 저장 같은 기술은 물건처럼 직접 수출되는 것은 아니지만, 콘텐츠와 서비스를 해외로 전달하고 이용하게 만드는 과정에서 중요한 역할을 합니다. 이처럼 눈에 보이지 않는 디지털 서비스와 기술도 국제 거래의 한 부분을 이루고 있어요.

한국 기업이 해외 기업의 데이터를 관리하거나, AI 음성 인식 기술을 제공하는 것도 모두 서비스 수출에 해당합니다. 물건을 보내는 대신, 기술과 기능을 제공하고 그 대가를 받는 방식이죠. 또 배달앱이나 K-뷰티 브랜드의 경우, 앱이나 플랫폼 자체를 팔지 않더라도 그 안에서 이루어지는 주문, 결제, 배송, 콘텐츠 제공 같은 서비스가 국경을 넘어 이용되고 있습니다. 이제는 온라인을 통해 제공되는 상품과 서비스가 국경을 넘어 거래되는 새로운 형태의 수출로 자리 잡게 된 셈이에요.

이처럼 물건 대신 정보, 기술, 데이터, 콘텐츠 같은 지식이 오가는 것을 '지식서비스 무역'이라고 합니다. 온라인을 통해 데이터로 주고받기 때문에 흔히 '디지털 무역'이라고도 불리죠. 한국은행의 통계에 따르면 2024년 우리나라의 지식서비스 수출액은 약 368억 2천만 달러(약 50조 원)를 기록했습니다. 특히 게임, 음악 같은 문화 · 여가 서비스와 정보 · 통신 분야가 수출을 이끌며, 우리나라는 이제 제조업뿐만 아니라 지식과 콘텐츠를 파는 나라로 나아가고 있습니다. 예전의 무역이 공장에서 이루어졌다면, 이제는 인터넷과 데이터 서버 안에서 더 활발히 이루어지고 있는 셈이죠.

그렇다면 이런 무역에는 어떤 규칙이 필요할까요?

예전에는 관세나 수입 제한이 중심이었다면, 이제는 데이터 보안, 저작권 보호, 플랫폼 규제가 핵심 과제가 됐어요. 그래서 각국은 디지털 무역협정을 맺어 데이터 이동, 온라인 결제, 저작권 문제를 정리하며 새로운 시대의 무역 질서를 만들어가고 있답니다.

이제 무역은 공장에서 만든 물건을 사고파는 일에만 머물지 않아요. 우리가 즐기는 음악, 드라마, 웹툰, 게임, 앱 서비스 속에도 이미 거대한 세계 경제의 흐름이 숨어 있죠. 무역의 형태는 눈에 보이지 않게 바뀌었지만, 그 영향력과 규모는 그 어느 때보다 크고 빠르게 성장하고 있습니다.

 # 자유무역 자유무역은 나라 사이의 관세나 수입 제한 같은 장벽을 줄여 물건과 서비스가 자유롭게 오갈 수 있도록 하는 거래 방식이에요. 나라 간 신뢰와 협력을 바탕으로 한 자유무역의 범위는 점점 넓어지고 있습니다. 특히 유럽의 '쉥겐조약'은 상품뿐 아니라 사람의 이동까지 자유롭게 한 사례예요. 이 조약을 통해 유럽 여러 나라 사람들이 별도의 비자나 검문 없이 서로의 나라를 오갈 수 있게 되었죠. 경제 협력이 사람과 노동의 이동으로까지 확장된 거예요.

 # 보호무역 자유무역의 반대 개념인 보호무역은 다른 나라의 값싼 상품으로부터 자국의 산업을 지키기 위한 정책이에요. 가장 대표적인 방법은 관세 협정입니다. 외국산 물건에 세금을 매겨 가격을 높이면, 자국 제품이 상대적으로 싸게 보여 경쟁에서 유리해지죠. 이 밖에도 수입할당제처럼 외국 상품의 수입량을 제한하거나, 기술 기준, 안전 규정을 까다롭게 만들어 외국 기업이 진입하기 어렵게 하는 방법도 있어요. 이런 장벽을 비관세 장벽이라고 부릅니다. 최근의 보호무역은 경제 안보를 함께 고려한 전략적 정책으로 확장되고 있습니다. 예를 들어 미국은 반도체나 전기차 배터리처럼 국가 경쟁력과 직결되는 산업에서는 자국 내에서 생산하는 기업에 여러 혜택을 제공하는 한편, 경쟁국에서 들어오는 일부 제품에는 관세를 부과해 수입 기준을 강화하는 조치를 하고 있어요. 이처럼 현대의 보호무역은 국내 산업을 지키는 수준을 넘어, 국가 경쟁력과 기술 주도권을 확보하기 위한 수단으로 활용되고 있습니다.

글로벌 공급망

 # 글로벌 공급망 글로벌 공급망은 여러 나라가 서로 협력해 하나의 제품을 완성하는 네트워크예요. 예전에는 자동차나 스마트폰처럼 공장에서 만드는 '제조업 중심의 공급망'이 대부분이었지만, 지금은 범위가 음식, 패션, 의료계로까지 넓어지고 있어요. 우리나라의 한 식품 회사가 라면을 만든다고 할 때, 밀가루는 호주에서, 포장재는 베트남에서, 마케팅은 미국 회사가 맡을 수도 있습니다. 이처럼 하나의 제품이 완성되기까지 여러 나라의 자원과 기술, 아이디어가 함께 모여요. 이제 공급망은 단순히 '공장 간 연결'이 아니라, 지식과 기술, 사람과 정보까지 공유하는 협력의 네트워크로 바뀌고 있습니다. 그래서 최근에는 '공급망 동맹'이라는 개념도 등장했어요. 한 나라가 천재지변이나 분쟁 등으로 위기에 처해도 다른 나라가 도와 생산을 안정적으로 이어가기 위한 국제 협력 체계를 말하죠.

 # 디지털 무역 디지털 무역은 물건이 아닌 데이터, 기술, 콘텐츠가 오가는 새로운 형태의 무역이에요. 이제 무역의 주인공은 컨테이너선이 아니라 인터넷 케이블이 된 셈이죠. 국내 스타트업의 번역 인공지능이 유럽 기업에 서비스되며, K-팝 콘서트가 유튜브로 전 세계 팬들에게 생중계되는 것, 이 모두가 디지털 무역의 한 장면이에요. 최근에는 '메타버스 수출'이라는 말도 등장했어요. 한국 디자이너가 만든 가상 의상이 미국의 메타버스 플랫폼에서 실제 돈으로 거래되는 일이 벌어지고 있죠. 이처럼 디지털 무역은 국경과 거리를 뛰어넘어 네트워크 속 연결력과 창의력이 새로운 경쟁력이 되는 시대를 열고 있습니다.

내 손 안의 데이터는
어디로 흘러갈까?

아침에 눈을 뜨자마자 휴대폰을 켜면, 알람 앱이 설정한 시간에 맞춰 울리고, 날씨 앱이 오늘의 기온을 알려주며, SNS는 친구가 올린 사진을 보여줍니다. 이 모든 과정에서 데이터가 오가고 있어요.

스마트폰을 한 번 켜는 순간에도 수십 개의 앱이 동시에 작동하며 우리의 위치, 사용 시간, 검색 기록 같은 정보를 수집해요. 그리고 그 데이터는 국내 서버에만 머무르지 않습니다. SNS 본사, 광고 회사, 클라우드 서버가 있는 미국이나 싱가포르, 유럽으로까지 이동하죠. 이렇게 나라 밖으로 오가는 데이터의 흐름은 보이지 않지만 분명히 존재하는 '디지털 무역'의 한 형태예요.

여기서 우리가 자주 사용하는 영상 플랫폼 유튜브를 떠올려볼까요?

한국 사용자가 영상을 시청하면 그 기록은 미국의 구글 본사 서버로 전송돼요. 거기서 인공지능이 '이 사람은 어떤 콘텐츠를 좋아하는가'를 분석하죠. 그 결과로 유튜브는 우리가 좋아할 만한 영상을 추천하고, 광고주는 그 정보를 바탕으로 광고를 집행합니다. 이때 한국 기업이 낸 광고비는 미국 본사로 들어가고, 다시 전 세계 제작자에게 분배되죠. 즉, 한 번의 클릭으로 곧 국제 거래가 시작되는 셈이에요.

비슷한 일이 게임, OTT, 쇼핑몰에서도 벌어지고 있어요. 한국에서 만든 모바일 게임을 일본 이용자가 다운로드하면 결제 데이터는 일본 은행을 거쳐 한국 게임사로 들어옵니다.

넷플릭스에 한국 드라마가 공개되면 한국 제작사는 미리 계약한 제작비나 판권료 조건에 따라 대가를 받습니다. 그리고 시청자가 늘수록 넷플릭스는 구독자를 붙잡거나 새로 모으는 데 유리해져, 다음 작품에 더 큰 투자를 하기도 하죠.

이 모든 과정에서 데이터는 '상품처럼' 교환되고, 그 흐름을 따라 돈과 서비스가 함께 이동합니다.

그렇다면 이런 데이터 이동은 왜 중요한 걸까요?

데이터는 이제 석유처럼, 21세기의 새로운 자원이에요. 많은 기업들이 이용자의 데이터를 분석해 소비 성향을 예측하고, 제품을 맞춤 제작하거나 광고 전략을 세우기 때문이죠. 예를 들어, 한 쇼핑몰 앱이 "당신이 어제 본 운동화를 오늘 할인합니다."라고 알림을 보내는 건 우리의 클릭 정보를 실시간으로 분석했기 때문이에요. 이처럼 데이터는 기업의 이익을 좌우하고, 국가 경제에서도 경쟁력을 결정짓는 중요한 자산이 되었습니다.

그런데 데이터가 국경을 넘게 되면 국내 거래와는 차원이 다른 문제가 발생할 수 있습니다. 핵심은 바로 '이 데이터를 누가 통제하느냐.'입니다.

만약 우리나라 사람들의 소중한 정보가 해외 서버로 넘어간다면 어떻게 될까요? 국경을 넘는 순간, 우리 법의 보호를 제대로 받기 어려워질 수 있습니다. 개인정보 보호법이 허술한 나라로 정보가 넘어가 유출될 경우, 우리 정부가 나서서 막거나 범인을 처벌하기 힘들어지니까요. 심지어 다른 나라 정부가 국가 안보를 핑계로 우리 국민의 데이터를 슬쩍 들여다볼 위험도 배제할 수 없죠. 이를 '데이터 주권'의 위기라고 부르는데요, 데이터 무역 시대에 우리가 꼭 해결해야 할 중요한 과제입니다.

　디지털 시대에 벌어질 수 있는 여러 위험에 대한 보완책으로 세계 각국은 데이터의 이동을 단순히 기술 문제가 아닌 경제와 인권의 문제로 다루기 시작했어요. 유럽연합(EU)은 '개인정보 보호법'을 만들어 기업이 이용자의 데이터를 마음대로 이전하거나 저장하지 못하도록 하고, 한국도 '데이터 3법'을 제정해 개인정보 활용 기준을 강화했습니다. 또한 여러 나라가 디지털 무역협정을 맺어 데이터가 안전하게 이동할 수 있는 규칙을 세우고 있습니다. 이제는 '정보의 흐름'을 넘어서 '데이터의 소유와 책임'을 중요시하는 시대가 된 거예요.

04

자원 전쟁은 왜 일어날까?

여러분은 작은 자원 하나가 세상을 움직일 수 있다는 사실을 알고 있나요? 자동차가 달리려면 석유가 필요하고, 손에 쥔 스마트폰이 켜지려면 리튬과 니켈 같은 금속이 꼭 들어가야 해요. 그런데 모든 나라가 이런 자원을 가진 건 아닙니다. 그래서 이 자원들은 국가의 생존과 경쟁력, 그리고 세계 질서를 좌우하는 힘이 되었어요. 20세기 이후 많은 전쟁이 영토가 아닌 자원을 차지하기 위한 싸움으로 바뀐 이유도 바로 여기에 있습니다. 석유를 가진 나라, 희귀 광물을 통제하는 나라가 국제시장에서 더 큰 영향력을 가지게 되었기 때문이에요. 이제부터 자원이 어떻게 세계의 갈등을 불러왔는지, 그리고 우리가 그 속에서 어떤 선택을 해야 하는지 함께 살펴볼까요?

석유 한 방울이 전쟁을 부른다

‘검은 황금’이라 불리는 석유는 현대 산업의 심장입니다. 자동차가 달리고, 비행기가 하늘을 날고, 공장이 돌아가며 우리가 매일 사용하는 플라스틱 제품이 만들어지는 것까지, 이 모든 건 석유가 있어야 가능한 일이에요.

석유는 단순한 연료가 아닙니다. 한 나라의 산업이 돌아가려면 반드시 필요한 자원이기 때문에, 누가 석유를 더 많이 확보하느냐가 곧 국가의 힘이 되었죠. 이 때문에 석유는 언제나 전쟁과 갈등의 한가운데에 있었습니다.

1970년대에, 이른바 ‘오일 쇼크’라 불리는 석유 파동 사태가 있었습니다. 중동 산유국들이 석유 수출을 제한하자 기름값이 폭등했고, 세계 경제가 순식간에 흔들렸습니다. 그 뒤로 선진국들은 ‘에너지를 직접 통제해야 한다.’라는 생각을 하게 되었죠. 2003년 미국이 이라크를 침공한 것도 겉으로는 대량살상무기 제거가 이유였지만, 그 배경에는 중동의 석유 이권을 확보하려는 전략이 숨어 있었습니다.

최근에는 석유뿐 아니라 천연가스가 새로운 분쟁의 불씨가 되었어요. 러시아가 우크라이나를 침공했을 때, 유럽 각국은 러시아산 가스 의존도를 줄이기 위해 다른 공급처를 찾느라 큰 혼란을 겪었죠. 겨울철 난방용 가스가 부족해 공장이 멈추고, 전기요금이 폭등했기 때문이에요.

이처럼 에너지 자원은 단순한 원료를 넘어, 전쟁의 이유이자 다른 나라를 압박하는 '경제 무기'로 쓰이기도 합니다.

리튬과 반도체, 그리고 미래 자원을 둘러싼 경쟁

예전에는 석유가 한 나라의 힘과 부를 상징했다면, 이제 그 자리를 리튬, 코발트, 니켈 같은 배터리 원료가 대신하고 있습니다. 전기차가 달리고, 스마트폰이 작동하며, 인공지능 서버가 움직이기 위해서도 모두 이 금속들이 필요하죠. 그런데 문제는 이런 핵심 자원들이 특정 지역에 편중되어 있다는 것입니다. 전 세계 리튬의 절반 이상은 남미의 볼리비아, 칠레, 아르헨티나에, 코발트는 아프리카의 콩고민주공화국에 집중되어 있어요.

이 때문에 세계 각국이 자원 확보 경쟁에 뛰어들었습니다. 중국은 일찍부터 남미와 아프리카에 투자해 리튬 광산과 정제 시설을 확보했고, 미국과 유럽은 '공급망 동맹'을 맺어 중국에 대한 의존도를 줄이려 하고 있습니다. 우리나라도 안정적인 자원 확보를 위해 호주, 캐나다 등과 광물 협력을 강화하고 있죠.

이 경쟁은 금속 자원에서 끝나지 않습니다. '21세기의 쌀'이라 불리는 반도체도 전 세계 산업의 핵심이지만, 실제로는 한국, 대만, 미국 등 몇 나라만 생산합니다. 반도체는 자동차, 스마트폰, 인공지능 로봇, 심지어 국방 장비까지 들어가는 핵심 부품이기 때문에, 각국은 반도체 생산 능력을 자국 안으로 끌어들이려 하고 있습니다. 그래서 2020년 이후 세계는 '칩 전쟁'이라는 새로운 형태의 경쟁에 들어섰어요. 미국은 '칩스법(CHIPS and Science Act)'을 만들어 자국 내 반도체 공장을 짓는 기업에 보조금을 지급하는 한편, 중국 기업이 반도체 생산에 필요한 첨단 장비를 사 가지 못하도록 규제하고 있습니다.

여기에 더해 앞으로는 희토류, 수소 에너지, 인공지능용 데이터, 우주 자원 같은 '미래 자원'이 새로운 경쟁의 대상이 될 것으로 보입니다. 희토류는 전기차 모터와 풍력 발전기, 스마트폰 진동 모터 등에 쓰이는 필수 자원이며, 수소는 석유를 대체할 청정 에너지로 주목받고 있습니다. 최근엔 인공위성을 이용해 달이나 소행성에서 광물을 채굴하려는 시도도 본격화되고 있죠.

이제는 이러한 자원과 기술을 확보하는 능력이 미래의 국력과 산업 경쟁력을 결정짓는 핵심 열쇠가 될 것입니다.

물과 식량, 사라지는 자원을 둘러싼 갈등

석유나 리튬만큼이나 중요한 자원이 있어요. 바로 물과 식량이에요. 이건 인간의 생존과 직결되는 문제죠. 아프리카와 중동 지역에서는 '물'을 둘러싼 갈등이 이미 현실이 되었습니다. 나일강, 요르단강, 인더스강처럼 여러 나라가 함께 쓰는 강의 물을 누가 얼마나 가져가느냐를 두고 다투는 거예요. 기후변화로 가뭄이 심해지면서 '물 전쟁'이 가까운 미래에 실제로 벌어질 것이라는 우려도 커지고 있죠.

식량도 마찬가지예요. 러시아-우크라이나 전쟁이 시작된 후 세계 밀 가격이 급등했어요. 두 나라가 세계 밀 수출의 30%를 차지하고 있었기 때문이에요. 전쟁이 길어지자 곡물 수출이 막혀 아프리카와 중동의 여러 나라에서 식량난이 발생했습니다. 이처럼 하나의 분쟁이 세계 식탁에까지 영향을 주는 게 지금의 글로벌 자원 시장의 현실이에요.

이런 환경에서 또 하나 중요하게 생각할 것은 '식량 안보'입니다. 식량 안보는 한 나라가 국민에게 필요한 식량을 항상 안정적으로 확보하고 공급할 수 있는 상태를 말해요. 수입이 줄거나 생산에 문제가 생겨도 식량이 부족해지지 않도록 대비하는 능력을 뜻하죠.

각 나라는 식량 비축, 공급처 다변화, 자급률 제고 등을 통해 식량 안보를 강화하려 합니다. 우리나라의 경우, 해외 농지를 확보하거나 곡물 비축량을 늘려 위기에 대비하고 있고, 일본과 유럽 일부 도시는 학교 옥상이나 도심 공터를 이용한 도시농업으로 식량 자급률을 높이려 하고 있습니다. 또 최근에는 식물성 고기나 인공 배양육 같은 대체 식품 기술이 식량난을 해결할 새로운 방법으로 주목받고 있어요.

한편 최근에는 경쟁과 다툼보다는 협력과 공동 관리를 모색하려는 움직임도 커지고 있어요. 예를 들어, 국제연합(UN)은 '국제수자원 협약'을 통해 강이나 지하수를 공유하는 나라들이 서로 사용량을 조정하도록 돕고, 식량안보협약을 맺어 비상시 식량을 나누도록 권고하고 있습니다.

이제 자원을 둘러싼 경쟁은 총과 탱크가 아닌 경제력, 기술력, 그리고 협상력으로 결정되는 시대가 되었습니다. 무기를 사용하지 않아도 자원의 흐름을 쥔 나라가 다른 나라의 산업과 일상을 멈추게 할 수 있기 때문이죠. 그렇기 때문에 진정한 평화는 단순히 싸움을 피하는 데서 그치지 않습니다. 자원을 서로 공정하게 나누고 함께 관리하며, 지속 가능한 방법을 찾는 데서 시작됩니다. 석유와 리튬, 물과 식량 같은 모든 자원은 특정 나라의 소유이기에 앞서 인류 모두가 함께 지켜야 할 지구의 자산이니까요.

 # 자원 의존도 자원 의존도는 한 나라의 산업과 경제가 특정 자원의 공급을 수입에 얼마나 의존하고 있는지를 나타내는 정도를 말해요. 자원 의존도가 높을수록 해당 자원의 가격이 오르거나 공급이 끊길 때 경제가 불안해질 위험이 커집니다. 그래서 국가는 공급처를 다양화하거나 재활용과 대체 기술을 통해 의존도를 낮추려 합니다.

 # 공급망 리스크 공급망 리스크는 제품을 만들어 소비자에게 전달하기까지 모든 과정에 필요한 원료, 부품, 물류의 흐름이 중단될 위험을 말해요. 특정 국가나 지역에 생산이 집중될수록 전쟁, 전염병, 자연재해 같은 변수에 의해 공급이 끊길 가능성이 커집니다. 그래서 각국은 생산지와 조달 경로를 여러 나라로 나누어 위험을 분산하려 합니다.

 # 희토류 희토류는 전기차, 풍력 발전기, 스마트폰 같은 첨단 산업의 핵심 자원이에요. 주기율표상의 15개 란타넘족 원소(La~Lu)와 스칸듐(Sc), 이트륨(Y)을 포함하는 17개의 원소를 통칭합니다. 그래서 이름은 '희귀하다'라는 뜻이지만 실제로는 지구 곳곳에 존재해요. 다만 정제 과정이 복잡하고 채굴 시 환경 오염이 심해서 일부 국가만 생산하고 있죠. 현재 세계 희토류의 70% 이상을 중국이 공급합니다. 그래서 각국은 희토류를 '보이지 않는 무기'라고 부르며 자국 내 생산과 재활용 기술 개발에 힘을 쏟고 있어요. 일본은 해저에서 희토류를 채굴하는 기술을 개발 중이고, 유럽은 전자제품 폐기물에서 희토류를 회수하는 기술을 발전시키고 있습니다.

리튬 하나로 세계 경제가 요동치는 이유는 뭘까?

　요즘 뉴스를 보면 '리튬'이라는 단어가 자주 등장합니다. 전기차가 늘어나면서 리튬 가격이 몇 배로 뛰었다는 기사도 있었죠. 2022년 한때 리튬 가격은 불과 1년 전보다 10배 이상 오르며 세계 시장을 뒤흔들었습니다. 전기차 배터리에 꼭 필요한 금속이기 때문이에요. 하지만 최근에는 상황이 조금 달라졌어요. 전기차 산업 성장 속도가 둔화되고, 리튬 가격도 예전보다 떨어졌죠. 그렇다고 리튬의 중요성이 줄어든 건 아닙니다. 오히려 세계 경제가 얼마나 이 자원에 의존하고 있는지를 보여주는 신호라고 할 수 있어요.

　리튬은 '새로운 석유'라고 불립니다. 왜일까요? 20세기 산업이 석유로 움직였다면, 21세기 산업은 배터리로 움직이기 때문이에요. 전기차, 스마트폰, 노트북, 인공지능 서버 등 우리가 사용하는 거의 모든 전자기기가 리튬 배터리로 작동합니다. 리튬은 가볍고, 에너지를 오래 저장할 수 있으며, 반복 충전이 가능하다는 장점이 있어요. 쉽게 다른 금속으로 대체하기도 어렵습니다. 그래서 리튬은 '에너지 전환 시대의 핵심 자원'이자, 미래 산업의 토대가 된 것이죠.

문제는 리튬이 세계 몇몇 나라에 집중되어 있다는 점이에요. 전체 매장량의 절반 이상이 남미의 볼리비아, 칠레, 아르헨티나에 몰려 있고, 아프리카 콩고민주공화국에서도 일부 생산됩니다. 중국은 리튬 정제와 배터리 생산 능력에서 세계 1위를 차지하며 '배터리 산업의 허브'로 자리 잡았죠. 반면 한국, 일본, 유럽 등은 리튬을 거의 전량 수입해야 하는 나라들이에요. 그래서 어느 한 지역의 생산이 멈추거나, 특정 국가가 수출을 제한하면 전 세계 전기차 산업이 즉시 흔들립니다. 이런 불안정한 구조를 우리는 '공급망 리스크'라고 부릅니다.

이 때문에 각국은 리튬 확보 경쟁에 나서고 있어요. 중국은 일찍부터 남미와 아프리카에 투자해 리튬 광산과 정제시설을 확보했고, 미국은 '인플레이션 감축법'을 통해 자국 내에서 채굴된 자원만 보조금 대상에 포함시키며 공급망을 재편하고 있죠. 유럽연합도 리튬을 전략자원으로 지정하고, 회원국 내 채굴을 늘리려 노력하고 있습니다. 우리나라도 뒤늦게 캐나다, 호주와 협력해 안정적인 공급망을 구축하려 하고 있어요.

심지어 리튬을 국유화하려는 움직임도 있습니다. 볼리비아 정부는 자국 리튬을 외국 기업에 내주지 않기 위해 직접 관리 체계를 강화했고, 칠레 역시 국가가 리튬 산업의 지분을 확보하도록 법을 바꿨죠. 리튬을 가진 나라들은 '새로운 산유국'으로 떠오르며 경제적 영향력을 키우고 있습니다.

리튬 가격은 이러한 흐름 속에서 요동쳤어요. 전기차 수요가 폭발하던 시기에는 1톤당 수천만 원까지 급등했지만, 2024년 들어 전기차 판매 증가세가 둔화되고 재고가 쌓이면서 가격이 절반 이하로 떨어졌습니다. 그 결과 배터리 기업의 투자 계획도 일부 조정되었고, 관련 산업의 성장 속도도 다소 완만해졌죠. 하지만 전문가들은 이것이 '일시적인 조정'일 뿐이라고 말합니다. 왜냐하면 리튬은 여전히 미래 에너지 전환의 중심에 있기 때문이에요. 단기적으로 가격이 내려가더라도, 전기차와 재생에너지 저장장치(ESS)가 늘어나는 한 수요는 꾸준히 유지될 수밖에 없어요.

리튬 가격이 오르내리면 세계 경제 전체가 흔들리는 이유도 여기에 있습니다. 배터리 원가가 높아지면 전기차 가격이 오르고, 물류비와 제조 비용이 연쇄적으로 상승해 다른 산업에도 영향을 미치죠. 반대로 가격이 떨어지면 배터리 생산 기업의 수익이 줄고, 투자가 위축될 수 있습니다. 한 금속의 가격이 세계의 경기 흐름과 산업의 속도를 바꿀 정도로 막대한 영향을 미치고 있는 것이죠.

결국 리튬은 단순한 금속이 아니라 미래 산업의 혈관처럼 세계 경제를 움직이는 핵심 자원이 되었습니다. 리튬을 얼마나 안정적으로 확보하고, 환경을 해치지 않는 방식으로 생산하느냐가 앞으로의 국가 경쟁력을 가르는 중요한 기준이 될 거예요.

이제 경쟁의 목표는 자원을 누가 더 많이 차지하느냐가 아니라, 어떻게 효율적이고 지속 가능한 방식으로 함께 관리하느냐로 바뀌고 있습니다. 앞으로의 리튬 경쟁은 패권의 싸움이 아니라 협력의 시험대가 되어야 합니다. 리튬이 만들어내는 변화의 흐름 속에서 세계가 함께 길을 찾아간다면, 그것이 인류의 미래를 더욱 지속 가능하게 만들 것입니다.

함께 나누는 경제는 정말 가능할까요?

공존의 경제학

"경제는 숫자 싸움이 아니라, 사람과 지구의 이야기다."

이 말은 현대 경제학자 제프리 삭스의 생각을 잘 보여줍니다. 그는 단순히 돈이나 이익을 계산하는 학자가 아니라, 사람들이 지구에서 오래, 함께 살아가기 위해 무엇을 해야 할까를 고민한 경제학자예요.

삭스는 하버드대학교와 컬럼비아대학교에서 교수로 일하며, 세계의 빈곤 문제와 환경 문제, 나라 사이의 불평등을 연구했습니다. 특히 그는 '지속가능한 발전'이라는 개념을 중요하게 여겼어요. 과거의 경제학이 "어떻게 하면 더 빨리, 더 많이 성장할 수 있을까?"를 물었다면, 삭스는 "지구가 감당할 수 있는 한계 안에서 얼마나 오래, 함께 성장할 수 있을까?"라는 질문을 던졌습니다.

20세기의 경제는 끝없는 성장을 목표로 삼았어요. 석유를 더 캐고, 공장을 더 짓고, 소비를 더 늘리면 경제가 커질 것이라고 믿었죠.

하지만 삭스는 그런 생각이 지구가 보내는 경고를 무시한 결과라고 말했습니다. 경제는 사람의 활동뿐 아니라 숲, 공기, 바다 같은 지구 환경 전체와 연결된 하나의 생태 시스템이기 때문이에요.

그래서 그는 이렇게 말했어요.

"경제는 인간이 만든 법칙이 아니라, 지구가 정한 질서 속에서 돌아간다."

즉, 경제가 자연의 균형과 환경의 한계를 무시하면 결국 인간의 삶 자체가 무너질 수밖에 없다는 뜻이에요. 삭스가 말한 '지구의 법칙'이란, 지구가 감당할 수 있는 범위 안에서 지속가능한 방식으로 살아야 한다는 원칙을 말합니다.

삭스가 말한 '지속가능한 발전'이란 환경과 더불어 경제, 사회, 환경이 함께 균형을 이루는 세상을 만들자는 생각에서 비롯된 개념이에요. 제프리 삭스는 유엔(UN)에 '지속가능발전목표'를 제안했고, 지금은 세계 여러 나라가 이를 실천하기 위해 노력하고 있습니다. 그 목표 안에는 '빈곤 퇴치', '깨끗한 에너지', '기후 변화 대응', '공정한 경제 체제' 같은 과제들이 들어 있어요.

하지만 현실의 세계는 여전히 자원을 둘러싼 경쟁이 치열합니다. 석유, 리튬, 반도체 같은 자원을 차지하려는 나라 간의 싸움이 이어지고 있죠. 삭스는 이런 모습을 보며 "자원은 싸움의 대상이 아니라, 함께 나누어야 할 것"이라고 강조했습니다.

그는 아프리카나 남미의 여러 나라가 석유나 광물을 수출하면서도 여전히 가난에서 벗어나지 못하는 이유를 연구했어요. 이익은 대부분 큰 기업이나 부유한 나라로 흘러가고, 현지 사람들은 환경 파괴로 고통받고 있었습니다. 삭스는 이런 현상을 '자원 저주'라고 불렀어요. 자원이 많다고 반드시 부자가 되는 것은 아니라, 오히려 부패와 불평등이 심해질 수도 있다는 뜻이에요.

그는 이런 문제를 해결하려면 자원을 획득한 나라만 이익을 얻는 구조를 바꾸어야 한다고 말했습니다. 기술, 자본, 환경 기준을 국제 사회가 함께 나누고, 모두가 이익을 얻는 방식으로 자원을 관리해야 한다는 거예요. 이 생각은 요즘 세계가 추진하는 '탄소중립 협약'이나 '공급망 협력' 같은 국제 협정의 밑바탕이 되었어요.

삭스의 경제학은 이상적인 꿈이 아니라, 현실적인 해답이기도 합

니다. 그는 여러 나라 정부와 유엔의 자문을 맡으며, 모두가 함께 번영할 수 있는 경제 모델을 설계했어요.

그가 남긴 메시지는 단순하지만 분명합니다. 진정한 부는 자원을 혼자 차지한 나라가 아니라, 함께 나누는 나라에서 나온다는 것이죠. 그에게 경제학은 숫자를 계산하는 학문이 아니라, 사람과 지구의 삶을 지키는 약속이었습니다.

제프리 삭스(1954~)

미국의 경제학자인 제프리 삭스는 개발경제학과 지속가능발전 분야를 상징하는 세계적인 지성이에요. 그는 가난을 개인의 게으름 탓으로 돌리지 않고, 국제사회와 정부가 적극적으로 손을 내밀어 빈곤의 악순환을 끊어내야 한다고 열정적으로 외쳤죠. 특히 최빈국을 돕기 위한 대규모 원조와 공공투자의 필요성을 역설하며, 유엔의 지속가능발전목표(SDGs)를 설계하는 데에도 핵심적인 역할을 했습니다. 그의 경제학이 특별한 이유는 경제 성장을 숫자나 통계로만 보지 않았다는 점이에요. 그는 수치를 넘어, 인류의 존엄과 지구의 미래를 지키기 위한 우리 모두의 책임을 무엇보다 강조했습니다.

경제를 잘 아는 사람은 무엇이 다를까?

01

주식과 암호화폐,
어떻게 이해해야 할까?

스마트폰 속 주식 앱과 코인 거래소는 투자를 누구나 쉽게 접할 수 있는 일로 바꿔놓았어요. 계좌를 만들고 버튼 몇 번만 누르면 바로 거래가 가능하니까요. 하지만 충분히 이해하지 않은 채 따라 하다 보면, 예상치 못한 손해를 볼 가능성이 커져요. '누구나 할 수 있다.'라는 것은 동시에 '누구나 잃을 수도 있다.'라는 뜻이기도 합니다. 청소년 시기에 이런 경제 활동에 관심을 갖는 건 자연스러운 일이에요. 다만 그 관심이 '돈을 버는 법'에서 멈추지 않고, '돈이 어떻게 움직이는가'를 이해하는 데로 나아갈 때, 비로소 진짜 경제 공부가 시작됩니다. 이제 주식과 암호화폐, 이 두 세계를 함께 살펴보며 미래를 위한 투자에 관해 차근히 생각해봅시다.

주식, 기업의 조각을 사는 일

주식은 한마디로 기업의 일부, 즉 지분을 사는 것이에요. 기업이 새로운 사업을 시작하거나 공장을 짓기 위해 돈이 필요할 때, 투자자들에게 "우리 회사의 일부를 나눠드릴게요."라고 약속하며 자금을 모읍니다. 이렇게 자금을 모아 세운 회사를 주식회사라고 부르죠.

여기서 한 가지 헷갈리기 쉬운 점이 있어요. '주식회사'라는 말은 회사를 세우는 방식을 뜻하지, '주식을 만드는 회사'라는 뜻은 아니에요. 주식회사는 회사를 운영하는 데 필요한 밑천, 즉 자본을 여러 사람에게 나누어 투자받아 세운 회사를 뜻합니다.

이렇게 투자자들이 낸 돈을 바탕으로 발행된 것이 바로 주식입니다. 주식은 "이 회사에 나는 얼마를 투자했어요."라는 사실을 증명하는 일종의 증서예요. 그리고 그 주식을 가진 사람들, 즉 회사를 위해 돈을 낸 사람들을 '주주'라고 부릅니다. 주주는 회사의 일부를 소유한 '작은 주인'이 되는 셈이죠. 예를 들어 삼성전자의 주식을 산다면, 그 회사의 아주 작은 주인이 되는 거예요. 회사가 성장하고 이익을 내면 주가가 오르고, 실적이 나빠지면 주가가 떨어집니다. 그래서 주식투자란 기업의 성장 가능성에 함께 투자하는 일이에요.

최근에는 청소년들도 부모 동의하에 증권사 앱을 통해 '미성년자 주식 계좌'를 만들 수 있습니다. 단돈 만 원으로도 해외 주식을 소수점 단위로 살 수 있죠. 한 주를 다 사지 않아도 0.1주, 0.01주 단위로 거래가 가능하니 투자의 문턱은 훨씬 낮아졌어요.

하지만 투자 문턱이 낮아졌다고 해서, 투자 자체가 쉬워진 건 아닙니다. 가격이 오르고 내리는 이유를 모른 채 주식을 산다면 그건 단순히 '운에 맡긴 선택'일 뿐이에요. 기업의 실적, 산업의 흐름, 경제 상황을 읽는 정보 감각, 이런 점들이 투자자로서 갖추어야 할 기본이에요.

제가 아는 한 학생은 BTS 소속사 하이브의 주식을 샀다고 해요. 그런데 "앨범 판매량이 줄었다."라는 뉴스가 나오자 주가가 떨어졌죠. 그때 그 친구는 깨달았대요.

'연예 뉴스도 결국 경제 뉴스였구나.'

이처럼 주식 투자는 단순히 돈을 버는 수단이 아니라, 세상을 이해하는 또 하나의 공부이기도 합니다.

암호화폐, 새로운 돈의 실험

이제 암호화폐의 세계로 넘어가 봅시다. '비트코인'은 이제 우리에게 익숙한 용어가 되었죠. 비트코인은 2009년, '나카모토 사토시'라는 가명을 쓴 프로그래머가 만든 디지털 화폐예요. 컴퓨터 단위를 뜻하는 비트(bit)와 돈을 뜻하는 코인(coin)을 합친 말이죠.

우리가 쓰는 돈이나 카드가 정부나 중앙은행의 통제를 받는 반면, 비트코인은 어느 나라에도 속하지 않는 화폐예요. 컴퓨터로 특정 조건에 맞는 해시값(hash)을 찾을 때까지 무한히 숫자를 대입하는 과정을 통해 새로운 코인을 얻을 수 있는데, 이 과정을 '채굴'이라고 부릅니다. 또, 정부가 화폐를 무한히 찍어내는 것과 달리 비트코인은 총 2100만 개까지만 발행되도록 설계되어 있어요. 그래서 '디지털 금(gold)'이라고 불리기도 하죠.

그렇다면 눈에 보이지도 않는 컴퓨터 파일이 어떻게 돈이 될까요?

그 비밀은 '블록체인'이라는 기술에 있습니다. 거래 기록이 여러 컴퓨터에 동시에 저장되어, 누구도 함부로 바꿀 수 없도록 설계되어 있죠. 이 덕분에 해킹이 어렵고, 중간 기관 없이 개인 간 송금이 가능해졌습니다.

비트코인이 세상에 등장한 뒤, 그 기술을 바탕으로 한 다양한 암호화폐들이 잇따라 만들어졌어요. 이들을 통틀어 '알트코인(Altcoin)'이라고 부릅니다. 알트코인은 '얼터너티브 코인(Alternative Coin)'의 약자로, 비트코인을 대체하거나 보완하는 암호화폐라는 뜻이에요. 예를 들어, 이더리움은 블록체인 위에서 게임, 예술품, 계약 같은 다양한 서비스를 만들 수 있도록 설계된 암호화폐예요. 반면 도지코인은 장난처럼 시작된 코인이지만, 지금은 실제로 결제나 기부에도 쓰이고 있죠. 이처럼 각각의 코인은 태어난 이유도,

사용하는 방식도 조금씩 달라요.

스마트폰에 암호화폐 거래소 앱을 설치하고 계좌를 만들면, 이런 코인들을 주식처럼 사고팔 수 있습니다. 그 덕분에 암호화폐는 단순한 디지털 화폐를 넘어, 새로운 투자 수단으로 주목받게 되었어요.

그런데 암호화폐는 주식과는 성격이 전혀 달라요. 주식은 어떤 회사를 믿고, 그 회사가 성장할 거라고 생각해 '그 회사의 일부'를 사는 거예요. 반면 암호화폐는 '돈이 만들어지고 움직이는 방식' 자체를 새롭게 바꾸려는 기술이에요. 예를 들어, 비트코인은 은행을 거치지 않고도 사람들끼리 직접 돈을 주고받을 수 있도록 만든 시스템이에요. 그래서 암호화폐는 단순한 투자상품이 아니라, 기술과 금융이 만난 새로운 실험이라고 할 수 있죠.

주식은 기업의 실적과 성장이라는 비교적 분명한 기준을 따라 움직이지만, 암호화폐는 사람들의 기대와 시장 분위기에 따라 가격이 롤러코스터처럼 오르내려요.

사실 암호화폐는 은행이나 국가 같은 중개 기관을 반드시 거쳐야 하는 기존 금융 시스템의 한계를 넘어서기 위해 등장했습니다. 중개인 없이 개인 간 직거래가 가능해지면, 복잡한 송금 절차나 비싼 수수료 문제를 해결할 수 있으니까요. 실제로 거래 기록을 투명하게 공개하고 국경 없이 빠르게 돈을 보낼 수 있다는 점은 암호화폐가 가진 분명한 순기능이자 혁신적인 목표였습니다.

하지만 현실의 코인 시장은 이런 이상과는 조금 다르게 돌아가요. 지금의 거래 대부분은 단기간에 가격이 오르내리는 틈을 노린 투기적 거래예요. 특히 2021년 '루나 사태'처럼 수십조 원이 순식간에 사라진 사건은 코인이 얼마나 불안정하고 위험할 수 있는지를 보여줍니다.

그럼에도 많은 사람들이 코인에 끌리는 이유는 단순해요.

"돈을 벌 수 있으니까."

하지만 정말 중요한 건 '돈을 어떻게 버는가'보다 '왜 버는가'예요. 암호화폐는 세상을 바꿀 가능성을 지닌 기술이지만, 당장 얻을 것 같은 이익만 좇다 보면 그 본래의 의미는 금세 사라집니다. 아직 꽃 피우기도 전에 미래의 씨앗을 꺾어버리는 것과 다르지 않아요.

세상을 읽는 '투자'와 운에 맡기는 '투기'

투자와 투기, 둘 다 돈을 넣고 이익을 기대한다는 점에서는 같지만, 그 출발점과 목적은 전혀 달라요.

투자는 '미래의 가치를 믿고 시간을 함께 걸어가는 일'이에요. 기업의 성장 가능성, 산업의 변화, 사회의 흐름을 분석하며 '지금의 선택이 내일의 가치로 돌아올 것'이라 믿고 기다리는 거죠. 그래서 투자는 마치 씨를 심고, 물을 주며, 계절을 기다리는 일에 가깝습니다.

반대로 투기는 '가격의 움직임만 보고 빠르게 오르내림에 베팅하는 일'이에요. '이번 주 안에 오를까?', '안 좋은 뉴스가 뜨면 떨어질까?' 같은 단기 감정에 휘둘리죠. 겉으로는 비슷해 보여도, 투자와 투기는 생각의 깊이와 장기적인 안목에서 확연히 구분됩니다.

투자는 '분석'이 중심이라면, 투기는 '예감'이 중심이에요. 그래서 한쪽은 배움이 쌓이지만, 다른 한쪽은 운에 기대게 되죠. 예를 들어, 한 친구가 'AI 산업이 앞으로 중요해질 거야.'라고 생각하고 반도체 기업이나 인공지능 관련 기업 주식을 공부하며 장기적으로 모은다면, 그건 명백한 투자자의 길이에요. 하지만 '유튜브에서 이번 주에 A주가 급등할 거라던데?' 하며 단기 수익을 노린다면, 그건 투기자의 선택이죠.

청소년에게 투자란 단순히 돈을 불리는 기술이 아니라 세상을 이해하는 방법이에요. 기업의 가치, 국제 정세, 환율과 물가가 어떻게 연결되는지를 몸으로 느낄 수 있으니까요. 투자는 '경제 공부의 연장선'이지, 한탕을 노리는 게임이 아닙니다. 요즘은 스마트폰 터치 한 번으로 돈을 움직일 수 있죠. 누구나 시장에 들어갈 수 있지만, '쉽게 들어갈 수 있다.'라는 건 곧 '쉽게 흔들릴 수도 있다.'라는 뜻이에요.

투자에서 가장 중요한 건 돈이 아니라 판단력입니다. 정보를 보고 스스로 생각하는 힘, 감정에 휘둘리지 않는 힘, 그리고 자신이 감당할 수 있는 위험의 범위를 아는 힘이죠. 주식이든 코인이든, 결국 경제를 이해하는 사람이 세상을 더 넓게 보고 더 멀리 갑니다.

오늘날 투자의 기회는 무궁무진해요. 시장의 흐름을 주의 깊게 살펴보며 신중하게 투자를 한다면, 여러분의 돈이 시장과 세상을 움직이고 먼 훗날의 꿈을 이루는 데도 보탬이 될 것입니다.

 # 주식시장 주식시장은 기업이 필요한 자금을 모으고, 개인이 기업의 성장에 투자할 수 있는 공간이에요. 그런데 이 시장은 단순히 '돈을 버는 곳'이 아니라, 기업의 신뢰와 나라 경제의 건강을 비추는 거울이기도 합니다. 예를 들어, 어떤 나라의 정치가 불안하거나 물가가 급격히 오르면 투자자들은 그 나라의 주식을 팔고 떠나요. 반대로 경제가 안정되고 기술 혁신이 활발하면, 외국 자본이 몰려들어 주가가 오르죠. 그래서 주식시장은 '경제의 체온계'라고 불려요. 매일 오르내리는 숫자 속에는 투자자들의 기대, 두려움, 그리고 미래에 대한 신호가 숨어 있습니다.

 # ETF ETF는 Exchange Traded Fund의 약자로, 한국어로는 상장지수펀드라고 해요. 이름이 조금 어려워 보이지만, 뜻은 간단합니다. ETF는 여러 기업의 주식을 한꺼번에 묶어놓은 펀드를 주식처럼 거래소에서 사고팔 수 있게 만든 상품이에요. 보통 펀드는 증권사를 통해 가입하고, 환매할 때 시간이 걸리지만 ETF는 주식처럼 실시간으로 가격이 변하고 바로 거래할 수 있다는 점이 달라요. 즉, ETF는 펀드처럼 여러 종목에 나눠 투자할 수 있고, 주식처럼 사고팔기 편리한 장점을 함께 가진 상품이에요. 예를 들어 '코스피 200 ETF'는 코스피 200에 포함된 200개 기업의 주식 흐름을 따라가요. 삼성전자, 현대자동차, LG화학 등 여러 기업의 주식에 동시에 투자하는 것과 같습니다. 그래서 ETF는 하나의 주식을 사는 것보다 위험이 분산되고, 초보 투자자도 손쉽게 시장 전체의 움직임을 공부할 수 있는 방법으로 많이 활용됩니다.

분산투자 투자에서 가장 위험한 건 모든 돈을 한 곳에 몰아 넣는 것이에요. 주식이든 코인이든 시장은 언제나 예측 불가능하죠. 그래서 현명한 투자자들은 여러 산업, 여러 국가, 여러 상품에 나누어 투자합니다. 이걸 분산투자라고 해요. 예를 들어, 어떤 학생이 가진 돈 전부를 한 회사 주식에 넣었다면 그 회사 실적이 나빠지는 순간 큰 손실을 볼 수 있겠죠. 하지만 반도체, 조선, 전기차, 식품 등 다양한 산업의 주식을 조금씩 나누어 산다면 한쪽이 손해를 보더라도 다른 쪽이 보완해 줄 수 있습니다. "달걀을 한 바구니에 담지 말라."라는 말은 바로 이 분산투자의 원리를 표현한 속담이에요.

블록체인 비트코인과 암호화폐의 핵심 기술이 바로 블록체인입니다. 블록체인은 거래 기록을 한 장부에 몰아 두지 않고, 전 세계 수많은 컴퓨터에 동시에 저장하는 분산형 기록 시스템이에요. 블록(block)은 일정 시간 동안 이뤄진 거래 기록을 담는 상자를 뜻하고, 체인(chain)은 블록이 생성된 순서대로 단단하게 이어둔 연결고리입니다. 이 체인이 수많은 참여자 컴퓨터에 동시에 저장되는 것이지요. 그래서 누군가 몰래 정보를 조작하거나 삭제하기 어렵습니다. 사실상 해킹이 거의 불가능하다고 평가되죠. 예를 들어, 친구와 돈을 주고받을 때 은행이 중간에서 확인해주는 대신 '모든 참가자'가 거래 내역을 공유해 서로 감시하는 방식이에요. 그래서 블록체인은 가상화폐를 넘어 선거 투표, 의료 데이터 관리, 저작권 보호 등 다양한 분야로 확장되고 있습니다.

재테크를 시작하기 전
먼저 배워야 할 건 뭘까?

요즘 "코인으로 한 달 만에 1억 벌었다.", "이 종목으로 수익률 300%!" 같은 말, 한 번쯤 들어봤을 거예요. 유튜브나 틱톡에도 '초보 투자 가이드'가 넘쳐나죠. 그러다 보면 '나도 빨리 시작해야 하는 거 아닐까?' 하는 생각이 들지만, 진짜 현명한 재테크는 돈을 굴리는 법보다는 돈이 움직이는 원리를 아는 데서 시작돼요.

재테크는 단순히 돈을 늘리는 기술이 아니라, 세상을 이해하는 훈련이에요. 돈이 어디서 오고, 어떻게 쓰이고, 무엇을 바꾸는지 모른 채 좇기만 한다면 결국 '돈에게 끌려다니는 사람'이 되기 쉬워요. 반대로 돈의 흐름을 읽는 눈을 가진 사람은 '돈을 움직이는 사람'이 되죠. 예를 들어 "환율이 올랐다."라는 뉴스 한 줄에도, 경제를 아는 사람은 수출입 기업의 이익과 내 소비 생활의 변화를 함께 떠올립니다. 이게 바로 재테크 이전에 익혀야 할 '경제적 사고력'이에요.

투자를 하면서 여러 정보를 접하다 보면 누구나 감정의 시험대에 오르게 됩니다. 가격이 오르면 더 오를 것 같아 욕심이 나고, 떨어지면 겁이 나서 당장 팔고 싶어지죠. 바로 이때가 갈림길입니다. 순간적인 기분에만 휩쓸려 결정하면 '투기'가 되지만, 감정을 통제하고 냉정한 판단을 할 수 있다면 '투자'가 됩니다. 그래서 재테크는 감정의 파도를 이기는 훈련이기도 합니다. 정보에 휘둘리기보다는 정보를 분석하고, 소문보다 근거를 찾는 힘. 이건 단 하루의 거래로 얻을 수 없어요. 경제 기사를 읽고, 시장 변화를 관찰하는 습관 속에서 자라납니다.

실제로 미국에는 '가상 투자'를 통해 경제 감각을 키우는 방법을 가르치는 학교가 많아요. 한국에서도 중학교 사회 과목이나 고등학교 경제 수업에서 주식, 금리, 환율 같은 기본 개념을 배우죠. 또 일부 학교에서는 모의투자 프로그램이나 경제 동아리 활동을 통해 가상의 돈으로 투자 과정을 체험하기도 합니다. 이런 경험을 통해 '돈이 어떻게 움직이는가'를 일찍 익힌 학생일수록 나중에 실제 돈을 다룰 때 훨씬 덜 흔들려요.

"내가 왜 이 종목을 샀을까?", "지금 팔아야 할 이유가 있을까?" 이런 질문을 스스로 던질 수 있다면, 이미 절반은 성공한 셈이에요.

그리고 또 하나, 돈의 목적을 생각하는 습관이 필요해요. 재테크는 수단이지 목표가 아니에요. "내가 이 돈으로 어떤 삶을 만들고 싶은가?" 이 질문이 없다면, 수익을 올려도 마음은 불안해집니다.

재테크를 시작하기 전, 가장 먼저 배워야 할 건 '돈을 바라보는 관점'이에요. 요즘은 현금 대신 부모님 카드나 간편결제로 결제하는 경우가 많죠. 그럴수록 내가 언제, 어디에 얼마를 썼는지 한 번씩 확인해 보는 습관이 중요해요. 결제 내역을 보며 '이건 꼭 필요한 소비였을까?'를 점검해보는 것, 바로 이런 습관이 돈을 스스로 관리하고 판단하는 힘을 기르는 첫걸음이에요. 돈을 어디에 쓰느냐는 결국 '내가 무엇을 중요하게 여기는가'를 보여주는 일이니까요.

재테크를 일찍 시작해야 성공한다는 말, 반은 맞고 반은 틀려요. '빨리'보다 중요한 건 '제대로'예요. 준비 없이 뛰어드는 투자는 불장난이지만, 꾸준히 공부하며 세상의 흐름을 읽는 연습을 하는 사람은 적은 돈이라도 현명하게 다룰 수 있습니다. 예를 들어, 매달 1만 원씩 ETF나 펀드에 투자하며 시장을 관찰하거나, 경제 뉴스를 비판적으로 읽는 것만으로도 훌륭한 시작이에요.

중요한 건 '빨리'보다 '생각하며' 시작하는 태도예요. 결국 재테크는 돈의 기술이 아니라 판단의 기술입니다. 뉴스를 읽는 눈, 기업과 시장을 이해하는 감각, 그리고 '지금의 선택이 내일의 나에게 어떤 영향을 줄까?'를 고민하는 힘. 이런 마음가짐이야말로 현명한 경제 활동의 든든한 밑거름이에요.

02

금융사기는 어떻게 피할 수 있을까?

요즘 뉴스에서 '보이스피싱' 피해 사례가 적잖이 들려옵니다. 하지만 그게 먼 이야기 같다고 느끼는 사람도 많죠. '나는 아직 학생인데, 누가 나한테 사기를 치겠어?'라고 말이에요. 그런데 요즘 금융사기는 나이와 상관없이 누구나 당할 수 있어요. 한 학생이 "고객님의 계좌가 해킹돼 긴급 보호가 필요합니다."라는 전화를 받았습니다. 상대는 정확한 이름과 일부 계좌번호까지 알고 있었죠. "보안 앱을 설치하셔야 합니다."라는 말에 그대로 따랐고, 몇 시간 뒤 통장 잔액이 모두 사라졌어요. 게임 아이템 결제, 중고 거래, 간편 송금처럼 우리 생활 속에 디지털 금융 활동이 많아지면서 편리함과 함께 '눈에 보이지 않는 위험'이 늘어나고 있죠. 이제 금융사기는 남의 이야기가 아니라, 우리 모두가 마주할 수 있는 현실의 문제입니다.

금융, 편리함 뒤에 숨은 두 얼굴

우리는 하루에도 여러 번 '금융'을 경험합니다. 교통카드로 버스를 타고, 스마트폰으로 간편결제를 하고, 용돈을 송금받거나 온라인 쇼핑에서 결제 버튼을 누르는 순간 이미 수많은 금융 거래가 이루어지고 있는 거예요.

이처럼 금융이란 돈을 빌리고, 빌려주고, 관리하는 모든 활동을 말합니다. 은행 예금이나 대출뿐 아니라, 투자, 결제, 보험, 송금까지 모두 금융 거래에 해당해요. 요즘은 여기에 기술이 더해진 핀테크(fintech) 서비스가 빠르게 확산되고 있죠. 핀테크란 'finance(금융)'과 'technology(기술)'의 합성어로, 스마트폰 앱 하나로 예금, 이체, 투자까지 가능한 시스템이에요. 인터넷 전문 은행, 간편결제 서비스, 가상자산 거래소 등이 모두 여기에 포함됩니다.

하지만 편리함이 커질수록 위험도 함께 커집니다. 예전에는 직접 은행 창구에 가야 했지만, 이제는 클릭 한 번이면 송금이 가능하죠. 문제는 그 '한 번의 클릭'을 노리는 사람들이 있다는 거예요. 전화 한 통, 메시지 한 줄, 광고 링크 하나가 금융사기의 시작이 될 수 있습니다. 편리한 기술은 분명 경제를 발전시켰지만, 동시에 우리가 '무엇을 믿고, 어떻게 선택할 것인가.'를 끊임없이 묻는 시대를 만들었어요. 그래서 지금은 기술보다 사람의 판단과 책임이 더 중요한 금융의 시대가 되었습니다.

보이스피싱부터 대출 사기까지, 사기의 얼굴은 계속 바뀐다

금융사기의 가장 대표적인 유형은 전기통신금융사기, 그중에서도 보이스피싱(Voice Phishing)이에요. 'phishing'은 'fishing(낚시)'에서 온 말로, 사람을 속여 개인정보나 돈을 '낚는' 행위를 뜻하죠. 이 사기는 처음에는 단순한 전화 사기에서 시작됐어요.

"고객님의 계좌가 도용되었습니다.", "검찰 조사 대상이 되셨습니다." 이런 말로 공포심을 자극해 피해자가 직접 돈을 옮기게 만드는 방식이죠.

하지만 요즘은 메신저 피싱으로 진화했습니다. 가짜 카카오톡이나 SNS 계정을 만들어 부모님이나 친구로 위장한 뒤 "급하게 돈 좀 보내줘."라고 요구해요. 심지어 AI로 목소리를 합성해 진짜 사람처럼 속이기도 합니다. 한순간의 '의심 없는 믿음'이 큰 피해로 이어지는 거예요.

또한 대출 사기도 늘고 있습니다.

"신용 점수를 높여드릴게요.", "수수료만 내면 저금리 대출이 가능합니다." 이런 문구로 접근해 개인정보를 빼내거나 수수료 명목으로 돈을 가로채죠.

여기에 유사수신행위도 있습니다. "원금 100% 보장, 월 20% 수익 보장!" 같은 광고는 대부분 불법 사금융이 벌이는 함정이에요.

제도권 금융회사는 이런 약속을 절대 하지 않습니다.

최근에는 SNS 광고를 이용한 '가짜 투자 플랫폼'도 늘어나고 있어요. 인스타그램에서 "청소년도 가능한 주식 투자!"라는 문구를 보고 클릭했는데 사실은 개인정보를 빼내는 피싱 사이트인 경우도 있습니다.

결국 금융사기는 사람의 심리를 노리는 범죄입니다. 불안하면 판단력이 흐려지고, 탐욕이 생기면 '이번엔 진짜 기회야.'라고 믿게 되죠. 그래서 금융사기는 디지털 범죄이자 동시에 심리를 이용한 감정의 범죄라고 불립니다.

금융을 지키는 가장 강력한 보안, '생각하는 힘'

그렇다면 이런 금융사기를 어떻게 막을 수 있을까요? 가장 기본이자 확실한 방법은 정보의 출처를 의심하는 것이에요.

'이 전화의 발신지가 정말 은행일까?', '이 메시지 링크를 눌러도 괜찮을까?', '조건이 지나치게 좋은데, 이상한 곳 아닐까?' 이런 질문 하나가 큰 피해를 막아줍니다.

은행이나 공공기관은 전화나 문자로 절대 비밀번호나 인증번호를 요구하지 않아요. 그런 요구가 있다면 100% 사기입니다. 또한 가족이나 친구가 돈을 빌려 달라 하면 반드시 직접 영상통화나 확인 전화를 해야 해요.

"급해요, 빨리 보내주세요."라는 말에 넘어가면 안 됩니다. 만약 돈을 이미 보냈다면 즉시 112나 은행 고객센터에 신고하고 지급정지 요청을 해야 해요. 시간이 조금만 지나도 돈은 다른 계좌로 옮겨져 되찾기 어려워지거든요.

하지만 그보다 더 근본적인 대비책은 판단력이에요. 요즘 금융 사기범들은 인공지능, 가상계좌, 빅데이터까지 이용해 점점 정교한 수법을 쓰고 있어요. 예를 들어, SNS에 올린 짧은 영상을 분석해 내 목소리를 AI로 완벽하게 복제한 뒤, 부모님께 전화를 걸어 돈을 요구하기도 합니다. 이렇게 사기 기술이 진화하고 있다는 점을 인지하는 것도 판단력을 높이는 데 한몫합니다.

금융이 디지털화될수록 돈은 빠르고 편하게 오가지만 그럴수록 멈춰서 생각하는 힘이 필요합니다. 결국 금융을 지키는 가장 강력한 보안은 비밀번호가 아니라 개인의 분별력이란 점을 기억합시다.

 # 핀테크 요즘 지하철을 타거나 카페에서 결제할 때, 현금을 꺼내는 사람은 거의 없죠. 스마트폰만 있으면 송금, 결제, 투자까지 가능한 세상이 되었기 때문입니다. 이 모든 걸 가능하게 만든 게 바로 핀테크예요. 간편결제 앱에서 지문 인증 한 번으로 물건을 살 수 있고 은행 앱을 통해 24시간 이체가 가능합니다. 이제는 대출 심사도 인공지능(AI)이 대신하는 시대예요. 하지만 이런 편리함 뒤에는 '디지털 흔적'이 남는다는 점도 기억해야 해요.

 # 보이스피싱 보이스피싱 수법은 날마다 새로워지고 있습니다. 최근에는 단순한 전화 사기에서 벗어나, 'AI 피싱'이라는 신종 범죄도 등장했어요. 인공지능으로 사람의 목소리를 합성해 송금을 요청하는 식으로 진화했습니다. 이렇게 기술이 발전할수록 더 냉철하게 의심하고 확인하는 태도가 필요합니다.

 # 가상계좌 가상계좌는 특정 거래나 고객별로 개별 발급되는 입금 전용 계좌번호입니다. 은행에 새로운 통장이 생기는 것은 아니고, 입금 여부를 확인하기 위한 '표식용 계좌'라고 보면 됩니다. 예를 들어 쇼핑몰에서 물건을 주문한 뒤 결제 방법으로 가상계좌를 선택하면, 주문 건마다 다른 가상계좌가 발급돼요. 이 계좌로 돈을 보내면 누가, 어떤 주문에 대해 결제했는지를 바로 확인할 수 있죠. 입금이 완료되면 해당 가상계좌는 더 이상 사용되지 않습니다. 가상계좌는 결제 확인이 빠르고, 여러 거래를 깔끔하게 관리할 수 있다는 장점이 있어요.

스미싱과 피싱은
어떻게 구별할까?

요즘 스마트폰을 켜면 하루에도 몇 번씩 낯선 문자가 옵니다.

"[Web발신] 택배 배송이 지연되었습니다. 아래 링크에서 배송 주소를 다시 입력하세요. → www.courier-info.kr/delivery"

"정부지원금 신청이 곧 마감됩니다. 지금 바로 확인하기 → www.gov-help.co.kr"

"포인트 5만 원이 소멸 예정입니다. 확인 후 수령하기 → www.card-event.kr"

이런 문자를 보면 누구나 순간 눌러서 확인해보고 싶은 마음이 듭니다. 하지만 이런 문자의 대부분이 스미싱(smishing)이에요. 스미싱은 문자(SMS)와 피싱(phishing)의 합성어로, 문자 메시지를 이용해 사람을 속이고 개인 정보를 탈취하는 범죄를 말합니다.

가장 큰 특징은 [Web발신]이라는 문구와 낯선 인터넷 주소(URL)입니다. 링크를 누르는 순간, 스마트폰에 악성 앱이 설치되거나, 가짜 로그인 화면이 뜨며 비밀번호와 카드 정보가 빠져나갈 수 있죠. 예를 들어, 실제 택배 회사라면 "○○택배입니다. 오늘 중 배송 예정입니다." 정도로 문자를 보냅니다. 하지만 스미싱 문자는 "배송 오류 발생, 링크 클릭 후 재입력 바랍니다. → www.parcel-check.net"처럼 행동을 유도하는 명령형 문장을 사용하죠. 정상 문자는 '정보를 알려주는 것'이라면, 스미싱 문자는 '사용자를 움직이게 만드는 함정'이에요.

그렇다면 피싱(phishing)은 뭘까요?

피싱은 'password(비밀번호)'와 'fishing(낚시)'의 합성어로, 이메일, 전화, 가짜 웹사이트 등 모든 전자 통신 수단을 이용해 개인정보를 빼내는 사기를 말합니다. 예를 들어, 누군가 은행을 사칭해 "고객님의 계좌 보안을 위해 즉시 로그인해주세요."라는 이메일을 보내며 가짜 사이트 주소(www.kb-banksafe.com)를 함께 첨부할 수 있습니다. 사용자가 이를 진짜 은행 홈페이지로 착각하고 계좌번호나 비밀번호를 입력하면, 그 정보가 그대로 범죄자에게 넘어가게 되는 거예요. 또한 메신저로 "상품권을 보냈어요. 링크를 눌러 확인하세요."라며 가짜 이벤트 페이지로 연결시키는 경우도 있습니다.

즉, 스미싱은 문자로 유도하는 피싱, 피싱은 문자 외의 모든 수단을 아우르는 사기라고 정리할 수 있어요. 스미싱은 보통 짧은 문장과 URL을 이용하지만, 피싱은 이메일, 전화, 심지어 인공지능 음성까지 활용해 사람이 안심하도록 속이는 방식으로 더 정교하게 발전하고 있다는 점이 다르죠.

스미싱을 가려내려면 먼저, 발신자와 주소를 확인하는 습관이 필요해요. 공공기관이나 은행은 절대 개인에게 링크를 통해 로그인이나 송금을 요구하지 않아요. '.go.kr', '.or.kr'처럼 공신력 있는 도메인이 아닌 주소는 클릭하지 말아야 합니다. 또 "보안 인증을 위해 앱을 설치하세요." 같은 문구는 대부분 스미싱이에요. 앱 설치는 반드시 공식 스토어나 금융기관 홈페이지를 통해서만 해야 안전합니다.

스미싱과 피싱을 헷갈린다면 이렇게 기억하세요. 스미싱은

'스마트폰 문자 속 덫', 피싱은 '인터넷 전반의 함정'이에요. 스미싱은 짧고 빠르게, 피싱은 넓고 깊게 파고드는 차이가 있죠. 결국, 수단은 달라도 목적은 하나, 여러분의 개인정보와 돈을 노린다는 겁니다.

요즘은 기술이 발전하면서 두 범죄의 경계가 점점 흐려지고 있어요. 문자 속 링크를 눌러 가짜 사이트로 이동하면 스미싱이 곧 피싱이 되기도 하죠. 그래서 중요한 건 '어떤 이름으로 불리느냐'가 아니라 '어떻게 대처하느냐'예요.

낯선 번호의 문자나 링크는 일단 클릭하지 말고 삭제하세요. 조금이라도 이상하면 통신사 고객센터나 경찰청 사이버범죄 신고센터에 신고하는 것도 방법이에요. '모르면 눌러보자'가 아니라, '모르면 기다리자', 이 한마디가 최고의 예방법입니다.

우리가 사는 세상은 점점 더 연결되고, 그만큼 금융사기의 손길도 더 빨라지고 있어요. 하지만 지나치게 걱정할 필요는 없습니다. 모든 기술보다 강한 건 생각하고 멈출 줄 아는 습관이니까요. 한 번의 클릭 대신 한 번의 확인, 그 작은 선택이 자신의 정보와 돈을 지키는 가장 확실한 보안이 됩니다.

03 창업은 누구나 할 수 있을까?

요즘은 '알바생'보다 '사장님'을 꿈꾸는 청소년이 많아졌어요. 학교 앞 문구점에서 산 스티커를 새롭게 꾸며 온라인에서 판매하거나, 친구들과 함께 학교생활의 불편함을 해결하는 앱을 직접 만들어 공개하는 경우도 있습니다. 또 어떤 학생은 지역 축제에서 환경 캠페인을 열고, 그 취지를 담은 디자인 굿즈를 제작해 판매하며 수익을 함께 나누기도 하죠. 최근에는 3D 프린터로 자신만의 캐릭터 피규어를 만들어 전시하거나, AI 기술을 활용해 공부 도우미 챗봇을 개발하는 사례도 등장하고 있습니다. 이제 '창업'은 어른들만의 전유물이 아닙니다. 청소년도 스스로 시장에 참여해 자신의 아이디어로 가치를 만들고, 세상과 소통하는 주체가 되고 있어요. 하지만 창업은 단순히 돈을 버는 일이 아니라, '내 생각이 세상과 만나는 과정'이라는 점을 잊지 말아야 합니다.

^M 시장에 뛰어드는 또 다른 경제 주체

경제의 세 주체인 가계, 기업, 정부는 서로 영향을 주고받으며 경제를 움직입니다. 가계는 물건을 사고, 기업은 물건을 만들며, 정부는 이 흐름을 조정하죠. 그런데 이제는 개인이 기업의 역할을 대신할 수도 있는 시대가 되었어요. 스마트폰과 인터넷만 있으면 누구나 시장에 참여해, 자신의 아이디어로 새로운 가치를 만들어낼 수 있기 때문이에요.

예전에는 가게를 하나 열려면 점포 임대부터 인테리어까지, 초기 비용만 수천만 원이 훌쩍 넘게 들었습니다. 하지만 지금은 상황이 달라요. SNS 계정 하나만으로도 자신이 만든 상품을 판매할 수 있고, 디지털 마켓에서 사진 몇 장만 올리면 전 세계 사람에게 내 아이디어를 소개할 수도 있죠. 이른바 ‘1인 창업’, 또는 ‘개인 브랜드 시대’가 열린 겁니다.

예를 들어, 한 중학생이 직접 디자인한 폰케이스와 키링 세트를 주문 제작해 온라인에서 판매했다고 해요. 그는 단순히 ‘그림을 그린 사람’이 아니라, 재료비를 계산하고, 소비자 취향을 분석하며, 가격과 배송 방식을 고민하는 작은 경영자예요. 처음에는 소소한 용돈벌이로 시작했지만, 소비자의 반응을 살피는 과정에서 자연스럽게 시장의 흐름을 읽는 눈을 뜨게 된 것입니다.

이렇듯 창업은 자신의 아이디어로 새로운 가치를 만들어내는 과정이에요. 돈을 버는 행위보다 더 중요한 것은 자신의 아이디어가 사람들의 삶을 어떻게 더 편리하고 즐겁게 바꿀 수 있을까를 고민하는 일입니다. 그 순간, 소비자에서 생산자로 한 걸음 나아가게 되는 것이죠.

🅜 창업의 새로운 얼굴들

오늘날의 창업은 예전처럼 단순히 가게를 여는 일에 그치지 않고, 사람과 사람을 연결하며 새로운 가치를 만들어내는 과정으로 변화했어요. 그 중심에는 기술과 플랫폼의 발전이 있습니다. 온라인 마켓이나 특정 사이트, 앱 등 인터넷으로 연결되는 여러 플랫폼을 통해 이제 누구나 아이디어만 있으면 시장에 참여할 수 있게 되었죠.

이러한 변화 속에서 요즘 새롭게 주목받고 있는 창업의 형태는 크게 세 가지로 나눌 수 있습니다.

첫째, 온라인 플랫폼을 무대로 한 '1인 미디어 창업'입니다. 콘텐츠를 제작해 광고 수익을 얻거나, 팬층을 모아 굿즈를 판매하거나, 브랜드 협업을 통해 수익을 창출하는 크리에이터들이 대표적인 사례입니다. 처음에는 취미로 시작했더라도, 꾸준히 콘텐츠를 쌓고 구독자와 신뢰를 쌓아가면 그것이 곧 하나의 경제 활동이 됩니다.

요즘은 학교나 학원에서 배우는 지식뿐 아니라, 자신의 관심사를 콘텐츠로 만들어 공유하는 친구들이 늘고 있죠. 예를 들어, 어떤 학생은 일상 속 절약 꿀팁을 영상으로 소개해요. '용돈 1만 원으로 일주일 버티기', '학교 매점에서 제일 가성비 좋은 메뉴 TOP3' 같은 주제로요. 또 다른 친구는 자신이 직접 만든 굿즈를 온라인에서 판매하거나, 취미로 찍던 사진을 소셜미디어에서 올리다 의외로 많은 사람들이 관심을 보여 주문을 받기도 합니다. 이런 사례들은 모두 창업의 새로운 모습이에요. 예전처럼 큰 자본이나 사무실이 필요한 게 아니라, 자신의 아이디어와 실행력만으로도 가치를 만들어낼 수 있는 시대가 된 거죠.

둘째, 자원의 가치를 되살리는 리셀(resell) 및 업사이클링 창업입니다. 요즘은 '새로 사서 쓰고 버리는 경제'보다 '순환시키고 아끼는 경제'가 주목받고 있죠. 필요 없는 물건을 되팔거나, 헌 옷을 리폼해 다시 판매하거나, 오래된 제품에 새로운 디자인을 입혀 새 가치를 더하는 것도 모두 창업의 한 형태예요. 이는 단순한 거래를 넘어 환경 보호와 자원 순환에 기여하는 '지속 가능한 비즈니스'로 평가받고 있습니다. 실제로 대학생 창업팀 중에는 헌책의 낡은 표지나 종이를 활용해 노트 표지나 메모지로 재탄생시키는 '업사이클링 프로젝트'를 진행한 팀도 있어요. 그들의 목표는 당장의 수익을 내는 게 아니라, 버려진 물건에서 새로운 가치를 발견하고 사회적 의미를 더하는 것이었죠.

셋째, 무형의 재능을 파는 '디지털 콘텐츠 창업'입니다. 창의적인 아이디어가 직접 수익으로 이어지는 새로운 경제 형태이지요. 지금은 음악, 글, 디자인, 3D 아이템 등 디지털로 만든 창작물이 곧 상품이 되는 시대입니다. 게임 속 캐릭터를 꾸미는 3D 아이템을 제작하거나 AI를 활용해 음성, 이미지, 글을 자동으로 생성하는 크리에이터들도 등장했죠. 한 명의 창작자가 수천 명의 팬을 모으고, 그 팬들이 곧 시장이 되는 구조가 만들어지고 있는 거예요. 이런 변화 속에서 중요한 건 자본보다 아이디어와 스토리텔링, 그리고 디지털 도구를 활용하는 능력이에요.

돈보다 '의미'를 설계하는 창업

창업의 목적이 반드시 돈일 필요는 없습니다. 그렇다고 의미만으로 충분한 것도 아니죠. 창업은 사람들의 필요를 발견하고, 그 필요를 해결하는 과정에서 성과와 보상이 함께 만들어지는 창조적인 활동입니다. 그래서 창업의 핵심은 돈과 의미 중 하나를 고르는 데 있지 않고, 문제 해결과 성과를 어떻게 함께 설계하느냐에 있습니다.

요즘은 이윤과 더불어 가치를 앞세우는 창업이 늘고 있어요. 특히 톡톡 튀는 아이디어를 가진 청소년들 사이에서도 이런 움직임이 활발해요. 어떤 청소년 팀은 버려진 천 조각으로 에코백을 만들고, 다른 팀은 플라스틱 사용을 줄이기 위해 리필 화장품을 기획

했어요. 이러한 창업은 '환경을 지키고 싶다.'라는 마음에서 시작한 것이지만, 사람들은 그 제품을 사면서 '나도 변화에 참여하고 있다.'라는 뿌듯함을 느꼈죠. 생산자의 진심이 소비자에게 전해지자, 그들의 브랜드는 빠르게 입소문을 탔어요. 상품을 판 것이 아니라 '이야기와 신념'을 나눈 것이죠.

이러한 청소년 창업은 환경이나 공정 같은 가치를 추구하는 데 그치지 않습니다. 생활 속에서 불편했던 점을 기술로 해결하거나, 익숙한 서비스를 더 효율적으로 바꾸려는 시도도 많아요. 지역 정보를 한눈에 정리한 앱, 학교 주변 상권을 연결하는 서비스, 학습 격차를 줄이기 위한 교육 콘텐츠처럼 일상에서 출발한 아이디어가 실제 창업으로 이어지기도 하죠. 이런 기획은 사회에 좋은 영향을 끼치겠다는 선한 의도와 더불어, 주변을 세심하게 관찰하고 문제를 정확히 짚어내는 과정에서 나옵니다.

그래서 청소년 창업에 필요한 가장 중요한 능력은 아이디어 그 자체가 아니라, 사람과 세상을 이해하는 힘입니다. 사람들이 어떤 상황에서 불편을 느끼는지, 왜 그 문제가 아직 해결되지 않았는지, 그리고 그 해결 과정에 자신의 관심과 능력을 어떻게 연결할 수 있는지를 고민하는 과정이 곧 창업의 출발선이 됩니다.

지자체의 창업 지원 사업이나 청소년 창업 경진대회에서도 이런 점을 중요하게 봅니다. 기발한 아이디어인지, 당장 돈이 될 것 같은 지가 아니라, 문제를 어떻게 정의했고 어떤 방식으로 접근했는지,

그 과정에서 새로운 시도가 있었는지를 평가하죠. 창의력과 혁신은 거창한 발명에서 나오기보다, 익숙한 일상을 다르게 바라보는 시선에서 시작됩니다.

청소년 창업의 의미도 여기에 있습니다. 당장 회사를 크게 키우는 것보다는 자신의 소질과 관심을 시험해보고, 사회의 필요와 연결해보며, 협업과 실패를 경험하는 데에 목적을 두는 것이죠. 이 과정에서 자신이 잘할 수 있는 일과 사회에 기여할 수 있는 방향을 함께 찾아가게 됩니다.

창업은 세상을 바꾸는 일인 동시에, 자신을 알아가는 과정입니다. 이윤과 가치는 대립하지 않습니다. 잘 설계된 창업은 두 가지를 함께 만들어냅니다. 청소년에게 창업이란, 세상과 자신을 동시에 성장시키는 방법을 탐색하는 하나의 경험입니다.

 # 디지털 크리에이터 경제 디지털 크리에이터 경제는 개인이 온라인 플랫폼에서 콘텐츠를 만들어 수익을 얻는 경제 모델이에요. 유튜브나 틱톡, 인스타그램에서 영상이나 글을 올리고, 광고나 협업, 후원 등을 통해 경제 활동을 할 수 있죠. 이제는 특정 직장에 소속되지 않아도, 자신의 콘텐츠와 브랜드로 경제적 가치를 만들어낼 수 있는 시대가 되었습니다. 다만 누구나 참여할 수 있는 만큼, 크리에이터에게는 조회 수보다 신뢰와 책임감 있는 소통이 중요한 경쟁력이 됩니다.

 # 순환 경제 순환 경제는 버려지는 자원을 다시 활용해 새로운 가치를 만들어 내는 경제 방식이에요. 요즘은 친환경 패키지를 쓰는 브랜드나, 리필 스테이션을 운영하는 가게가 늘어나고 있죠. 헌 옷을 새 제품으로 만들거나, 버려진 가구를 고쳐 다시 쓰는 것, 재활용 소재로 상품을 만드는 활동이 여기에 해당해요. 순환 경제는 환경을 보호하는 데서 나아가, 버려지는 것에서 새로운 아이디어와 일자리를 만들어내는 경제 활동으로 주목받고 있습니다.

 # 1인 기업 1인 기업은 한 사람이 기획부터 제작, 판매까지 직접 맡아 운영하는 작은 사업 형태예요. 이때 중요한 역할을 하는 것이 플랫폼인데, 플랫폼이란 물건이나 콘텐츠를 쉽게 올리고, 사람들과 연결해 주는 온라인 공간을 뜻해요. 유튜브, 스마트 스토어, 중고 거래 앱처럼 이미 만들어진 공간을 활용하면 큰 자본 없이도 창업이 가능합니다.

요즘 유튜버들이
진짜 돈을 버는 구조는 뭘까?

유튜브, 틱톡, 인스타그램, 트위치 등 디지털 플랫폼은 이제 하나의 거대한 '시장'이 되었어요. 상품 대신 '콘텐츠'를 만들고, 손님 대신 '구독자'를 모으며, 가게 대신 '채널'을 운영하는 창업자들이 등장한 거예요. 그들은 바로 디지털 크리에이터, 또는 1인 미디어 창업자라고 불립니다.

과거에는 창업이라 하면 카페나 문구점, 옷 가게처럼 물리적인 공간을 떠올렸지만, 지금은 카메라 하나와 노트북만으로도 창업이 가능합니다. 이른바 '디지털 창업' 시대죠. 이들은 영상, 음악, 그림, 글 등 자신이 가진 아이디어와 감각을 콘텐츠로 만들어 시장에 내놓습니다. 재고나 물류창고 대신 '좋아요'와 '조회 수'가

자산이 되고, 제품 대신 '이야기와 개성'이 상품이 되죠.

유튜버들은 매일 영상을 올리며 콘텐츠를 생산하고, 시청자들은 그 영상을 보며 소비합니다. 이때 발생하는 광고 수익, 브랜드 협업, 팬들의 후원 등이 바로 디지털 경제의 새로운 수익 창출 모델이에요. 즉, 영상 하나에도 여러 개의 수익 통로가 숨어 있는 거죠.

가장 기본이 되는 건 광고 수익이에요. 영상이 일정 조회 수를 넘고, 광고를 붙일 자격이 되면 유튜브가 광고주로부터 받은 돈의 일부를 크리에이터에게 나눠주는 방식이에요. 조회 수가 많을수록 광고 노출이 늘어나고, 그만큼 수익도 커지죠. 하지만 단순히 조회 수가 많다고 해서 수익이 커진다는 건 절반만 맞는 말이에요. 요즘은 '체류 시간'과 '참여도'가 훨씬 더 중요하거든요. 유튜브의 알고리즘이 시청자의 반응을 분석해 '얼마나 오래, 얼마나 적극적으로 봤는가'를 기준으로 영상을 추천하기 때문이에요. 유튜버의 수익도 영상 개수보다는 구독자의 영상 시청 시간에 비례해 높아집니다.

두 번째 수익 구조는 브랜드 협업이에요. 크리에이터의 콘텐츠와 이미지가 특정 기업의 브랜드와 잘 맞을 때, 기업은 그 채널을

'광고 플랫폼'으로 활용하죠. 예를 들어, 공부 콘텐츠를 만드는 유튜버라면 문구 브랜드, 패션 브이로그를 올리는 크리에이터라면 의류 브랜드와 협업하는 식이에요. 이건 영상 사이에 끼워 넣는 광고 방식이 아닌 '브랜딩(branding)'이라는 가치 생산의 단계로 발전합니다. 크리에이터는 단순히 제품을 소개해주는 것을 넘어 자신의 신념과 취향을 통해 브랜드의 이미지를 만들어줍니다.

세 번째는 후원과 구독경제(Subscription Economy)입니다. 팬들이 매달 일정 금액을 지불하며 자신이 좋아하는 크리에이터를 직접 후원하는 방식이에요. '멤버십'이나 '유료 구독'이 대표적이죠. 이건 광고보다 훨씬 지속 가능한 수익 구조로 평가받습니다. 왜냐하면 잠깐의 유행보다 더 오래가는 건 팬들과 쌓은 신뢰, 즉 '관계 자본'이기 때문이에요.

또 다른 형태로는 굿즈 판매나 디지털 콘텐츠 판매도 있어요. 예를 들어 자신이 만든 노트 디자인, 스티커 파일, 음악 샘플, 온라인 강의 등을 직접 제작해 판매하는 거예요. 이건 전통적인 창업의 '상품 생산'과 닮아 있지만, 공장에서가 아니라 '개인의 노트북과 아이디어'에서 탄생한다는 점이 다릅니다.

이렇듯 유튜버의 수익은 여러 방법으로 창출됩니다. 영상은 출발점이고, 실제 수익은 구독자와의 관계와 채널의 정체성에 따라 결정됩니다. 이런 구조에서 유튜버는 콘텐츠를 중심으로 여러 수익을 설계하는 1인 사업자에 가깝습니다. 유튜버의 수익 구조를 살펴보면, 디지털 시대에 돈이 어떤 경로로 만들어지고 움직이는지 힌트를 얻을 수 있습니다.

04

미래에는 어떤 직업이 살아남을까?

회의는 스마트폰 화면으로, 일정 관리는 AI 비서가 알아서 해주는 세상. 이제 먼 미래 이야기가 아니라, 이미 시작된 변화입니다. 이건 '일이란 무엇인가?'라는 정의 자체가 바뀌고 있다는 뜻이에요. 불과 몇 년 전만 해도 'AI가 노래를 만들고 그림을 그린다.'라고 하면 다들 놀랐죠. 그런데 지금은 생성형 AI가 광고 문구를 쓰고, 수업에 필요한 학습 자료를 자동으로 만들어 교사를 돕거나, 복잡한 법률 문서를 정리하는 일까지 하고 있어요. 미국에서는 AI가 도입된 뒤 회계팀이나 법률 보조 인력의 수요가 줄었고, 우리나라에서도 콜센터의 절반 이상이 AI 상담 시스템으로 바뀌었어요. 이런 시대에, 우리에게 중요한 건 '어떤 직업이 사라질까?'가 아니라, '어떤 역량을 가진 사람이 살아남을까?'입니다. 이제부터 이 질문에 대한 답을 함께 찾아볼 거예요.

🔷 '루틴'은 로봇이, '질문'은 내가

AI가 제일 잘하는 일은 바로 '반복'이에요. 한 번 배운 일을 똑같이, 아주 빠르고 정확하게 해내죠. 그래서 문서 정리, 고객 응대, 숫자 계산처럼 규칙이 분명한 일은 이미 AI가 담당하고 있어요. 사람이 하던 일을 대신해주니까 편리하기도 하지만, 한편으론 '그럼 사람은 무엇을 해야 하지?'라는 의문이 떠오르기도 하죠.

그 답은 바로 '질문하는 능력'이에요. AI는 '정답'을 찾아주는 데 능하지만, '무엇이 진짜 문제인지'를 묻는 건 여전히 인간의 몫이에요. 예를 들어, AI는 '판매량을 높이는 방법'을 수없이 제시할 수 있지만, "우리가 진짜로 팔아야 할 건 물건일까, 이 물건을 파는 건 모두에게 가치 있는 일일까?"라는 질문은 사람만이 할 수 있죠.

회사나 학교에서도 이 변화가 나타나고 있어요. 예전엔 "이걸 입력해.", "이걸 정리해."라는 지시가 많았다면, 이젠 "이 데이터를 보고 무엇을 바꿔볼까?"라는 물음이 더 중요해졌어요. 실제 기업들은 단순히 '빠른 사람'보다, '문제의 본질을 짚는 사람'을 더 높이 평가하거든요. 앞으로 우리가 하게 될 일은 답이 정해진 일을 반복하는 일이 아니라, 매번 새롭게 질문하고 정의하는 일이에요. AI가 루틴을 맡는다면, 인간은 방향을 제시하는 존재가 되는 거예요. 그래서 미래의 인재는 '똑똑한 사람'보다 '좋은 질문을 던지는 사람'이 될 거예요.

미래 사회는 '하나만 잘하는 사람'보다 '여러 가지 능력을 잘 섞어 활용할 줄 아는 사람'을 원해요. 이를 가능하게 하는 미래 경쟁력의 핵심, 바로 창의력과 융합적 사고, 데이터 감각입니다.

먼저, 창의력은 문제를 익숙한 방식이 아니라, 새로운 관점에서 다시 바라보는 능력이에요. 보통은 문제를 보면 바로 해결책을 찾으려 하지만, 창의적인 사람은 먼저 '이 문제를 다른 각도에서 볼 수 없을까?'를 생각해요. 예를 들어, 학교 급식에서 잔반이 많이 남는 문제를 봤을 때 단순히 잔반 줄이기 캠페인을 열기보다, 학생이 스스로 음식 양을 선택할 수 있는 '스마트 트레이'를 떠올린다면, 그게 진짜 창의력이죠. 즉, 창의력은 문제를 새롭게 바라보는 순간에서 발현돼요.

둘째, 융합적 사고는 전공의 벽을 허무는 능력이에요. AI 기술, 환경, 예술, 디자인, 과학이 서로 뒤섞이는 시대에는 하나의 분야로는 문제를 해결하기 어려워요. 예를 들어 과학에 관심 있는 친구가 디자인을 배우면 '환경 데이터를 시각적으로 표현하는 디자이너'가 될 수 있고, 경제를 배우는 친구가 사회문제에 관심을 가지면 '사회적 기업가'로 성장할 수 있어요.

데이터를 시각적으로 설명해 복잡한 과학을 쉽게 전달하는 '과학 커뮤니케이터', 친환경 소재와 예술적 감각을 결합해 지속 가능한 패션을 만드는 '그린 디자이너', 그리고 도시 문제를 데이터 분석과 사회학적 시선으로 해결하는 '스마트 시티 기획자'도 융합적 사고가 필요한 직업이죠. 이처럼 다양한 지식을 엮을 줄 아는 힘이 바로 융합이에요.

셋째, 데이터 감각은 숫자와 정보 속에서 의미와 원인을 읽어내는 능력이에요. 데이터는 일종의 '이야기의 조각'이에요. 예를 들어, 학교 매점의 하루 매출이 갑자기 줄었다면 그 이유를 찾아보는 거예요. 날씨가 더워서인지, 점심시간이 짧아서인지, 아니면 학생들의 취향이 바뀌었는지를 살펴보는 게 바로 데이터 감각이죠. 복잡한 기술을 다루지 않아도 괜찮아요. 중요한 건 주어진 수치나 통계에서 이야기와 원인을 읽어내고, 그걸 바탕으로 현실을 바꾸는 행동으로 이어갈 줄 아는 힘이에요.

이 세 가지 능력을 가진 사람은 어떤 일이 닥쳐도 스스로 방향을 찾아요. 창의력은 문제를 새롭게 보고, 융합은 답을 함께 만들고, 데이터는 근거를 세워줘요, 이 세 가지가 만나면 여러분은 어떤 시대에도 흔들리지 않는 인재가 될 거예요.

AI 시대의 노동은 어떻게 재편될까?

AI와 자동화 기술이 확산되면서 "일자리가 사라진다."라는 말이 자주 나와요. 실제로 반복적인 계산이나 정해진 절차를 따르는 업무는 기계와 알고리즘이 빠르게 대신하고 있어요. 은행 창구 업무나 단순 회계 처리처럼 규칙이 분명한 일부터 변화가 나타났죠.

하지만 지난 역사를 살펴보면, 기술 발전은 일자리를 없애는 게 아니라 일하는 방식 자체를 바꿔왔습니다. 기계가 맡게 된 일만큼, 인간의 노동은 다른 영역으로 이동해왔기 때문이에요. 그래서 중요한 질문은 "일자리가 없어질까?"가 아니라, "어떤 노동이 줄고, 어떤 노동이 늘어날까?"예요.

AI는 노동을 두 방향으로 움직이게 해요.

하나는 대체 효과예요. 반복적이고 예측 가능한 업무는 AI가 맡게 되면서 해당 노동의 수요가 줄어들어요. 이 과정에서 일부 직무는 축소되거나 사라질 수 있어요.

다른 하나는 보완 효과예요. AI를 활용해 더 많은 정보를 다루고, 더 복잡한 판단을 내리는 일이 가능해지면서 새로운 역할이 생겨나요. AI가 분석한 자료를 보고 환자에게 딱 맞는 치료법을 안내하는 '맞춤형 의료 상담가', 복잡한 돈 문제를 AI로 정리한 뒤 고객의 마음까지 헤아려 계획을 짜주는 '금융 심리 전문가', AI가 1차로 번역해둔 글을 상황에 맞는 느낌과 재미를 살려 생생하게 완성하는 '영상 콘텐츠 번역가'처럼, 여러 지식을 연결해 해답을 만드는 일이 늘어나고 있어요. 기술은 계산을 돕지만, 맥락을 읽고 책임지는 판단은 사람의 몫이에요.

이 때문에 AI 시대의 고용은 '사람 대 기계'의 경쟁이 아니에요.

기계를 어떻게 활용하느냐에 따라 노동의 가치가 달라지는 구조에 가까워요. 같은 직업 안에서도 역할과 요구되는 능력이 바뀌고, 노동의 양보다 역할과 질이 더 중요해지고 있어요.

고용의 방식도 달라지고 있어요. 한 직장에 오래 머무는 형태는 줄어들고, 프로젝트 단위의 일이나 프리랜서, 1인 기업처럼 온라인을 통해 능력과 일을 직접 연결하는 방식이 늘고 있어요. 앱이나 웹사이트로 자신의 기술을 소개하고, 필요한 사람과 곧바로 만나는 구조예요.

AI 산업 자체도 새로운 고용을 만들어내요. 알고리즘을 설계하고 데이터를 관리하며, 기술을 교육·의료·환경 현장에 적용하는 역할이 필요해지고 있어요. 기술이 발전할수록 기술을 이해하고 사회와 연결하는 노동의 중요성은 더 커져요.

AI 시대의 관건은 노동의 이동을 어떻게 준비하느냐에 있어요. 교육과 재훈련, 직업 전환이 원활하지 않으면 기술 발전의 이익은 일부에게만 집중될 수 있어요. 그래서 많은 나라가 AI 정책과 함께 노동 전환 정책을 함께 고민하고 있어요.

이러한 변화 속에서 우리에게 진짜 필요한 능력은 '정답을 찾는 기술'이 아니라 '질문을 던지는 힘'입니다. AI는 수많은 정보 속에서 정답을 그 누구보다 빨리 찾아내지만, "지금 우리 사회에 무엇이 문제인가?"같은 질문은 스스로 하지 못하기 때문입니다. 문제를 발견하는 것은 여전히 사람의 몫으로 남아 있습니다.

또한, '사람을 이해하는 마음'이 아주 중요해질 거예요. 기술이 발전할수록 사람들은 기계적인 답변보다 따뜻한 소통을 원하게 됩니다. 같은 법률 상담이라도 의뢰인의 불안한 마음까지 읽어주는 변호사, 물건만 파는 게 아니라 소비자의 기분과 취향까지 챙기는 마케터처럼, AI가 흉내 낼 수 없는 공감 능력을 갖춘 사람이 인정받게 되는 것이죠.

이제 '성실함'의 뜻도 달라집니다. 시키는 일을 불평 없이 하는 것보다는, 계속해서 발전하는 새로운 기술을 두려워하지 않고 내 공부나 일에 접목해보는 적응력이 훨씬 중요해집니다.

AI 시대는 인간의 일자리를 뺏는 무서운 시간이 아닙니다. 지루하고 반복적인 계산이나 자료 정리는 AI에게 맡기고, 우리는 더 창의적이고 가치 있는 일에 집중할 기회가 생긴 것입니다. AI를 경쟁자라고 생각하지 마세요. 내 능력을 더 크게 펼칠 수 있게 도와주는 똑똑한 도구로 활용한다면, 여러분은 기술에 끌려다니지 않고 미래를 주도하는 사람이 될 것입니다.

 # 알고리즘 알고리즘은 어떤 문제를 해결하기 위해 정해진 규칙이나 절차를 말해요. 쉽게 말해 '문제 해결을 위한 요리법'과 같습니다. 라면을 끓일 때 물을 끓이고 면과 스프를 넣는 순서를 지켜야 요리가 완성되듯, 컴퓨터도 미리 짜인 순서에 따라 일을 처리하거든요. 이 개념은 AI 시대에 더욱 중요해졌어요. 여러분이 유튜브 영상을 보고 나면 알고리즘이 취향을 분석해 다음 영상을 추천해주는 것처럼 말이죠. 요즘 온라인 쇼핑몰이나 배달 앱, 항공권 예약 시스템은 수요 공급 원리를 알고리즘으로 구현합니다. 특정 상품의 주문이 늘면 시스템은 수요 증가로 판단해 가격을 올리고, 반대로 주문이 줄어들면 가격을 낮추게 되지요. 기억할 것은 알고리즘은 입력된 규칙대로만 움직인다는 점입니다. 그 규칙을 어떻게 설계하고 어떤 방향으로 이끌어갈지는 결국 사람의 몫입니다.

 # 감정노동의 가치 AI가 아무리 똑똑해도 '마음의 언어'를 배우는 건 쉽지 않아요. 그래서 사람의 감정과 공감을 다루는 일은 오히려 더 귀해지고 있어요. 오늘날에도 상담사, 간호사, 교사, 돌봄 전문가처럼 감정의 온도와 타인의 마음을 읽는 능력은 로봇이 대신할 수 없는 영역이에요. 이제 노동의 가치는 '속도'가 아니라 '온도'로 평가받는 시대가 오고 있어요. 디지털 시대일수록 따뜻한 소통이 경쟁력이 되죠. AI가 계산을 담당한다면, 사람은 마음을 책임지는 존재가 되는 거예요.

AI 시대, 경제를 아는 사람은
뭐가 다를까?

AI가 세상을 빠르게 바꾸고 있지만, 그 변화를 이해하며 활용하는 사람과 아무 생각 없이 사용하는 사람은 결과에서 큰 차이를 보이게 됩니다. 어떤 사람은 AI로 그림을 그리는 데서 멈추지만, 다른 사람은 그 그림이 어떤 사람들에게 필요할지, 어떤 스토리와 함께 팔면 좋을지를 고민해요. 같은 도구를 써도, 한 사람은 소비자이고 다른 한 사람은 새로운 가치를 만드는 생산자가 되는 거예요.

AI 시대의 진짜 경쟁력은 기술을 읽는 경제 감각이에요. 경제를 안다는 건 세상의 흐름 속에서 무엇이 가치 있고, 앞으로 무엇이 될 것인가를 판단하는 힘이에요. 예를 들어 AI가 만든 글과 그림이 넘쳐나면, 사람이 직접 만든 진심 어린 메시지와 손끝의 감성이 오히려 더 귀해질 거예요.

이건 경제의 기본 원리인 희소성과 똑같아요. 수요에 비해 흔해질수록 값은 떨어지고, 희소해질수록 값은 오르죠. 기계가 완벽하게 흉내 낼수록, 인간의 불완전함과 따뜻함은 더 큰 가치를 얻게 되는 거예요.

그래서 경제를 아는 사람은 기술에 휘둘리지 않아요. AI를 두려워하기보다 어떻게 함께 일할 수 있을지를 고민하죠. AI가 작곡한 음악을 들으며 경제 감각이 있는 사람은 이렇게 생각합니다.

'이 음악을 누구에게 들려주면 좋을까?'

'어떤 콘텐츠나 브랜드와 연결하면 더 많은 가치를 낼 수 있을까?'

단순히 기술을 쓰는 게 아니라, 그 결과를 세상과 연결해 새로운 시장과 이야기를 설계하는 것이죠.

요즘엔 AI를 활용해 '가상 인플루언서'를 기획하거나, AI 목소리로 오디오북을 제작하고, AI 이미지로 패션 화보를 디자인하는 사람들도 있어요. 하지만 진짜 성공하는 사람들은 기술 자체보다 그 안에 담긴 의미와 진정성을 더 잘 이해하는 사람들이에요.

결국 AI 시대에 살아남는 사람은 기술보다 사고력, 지식보다 판단력, 정보보다 연결력을 가진 사람이에요. 경제를 안다는 건 숫자만 보는 게 아니라, 그 숫자 뒤의 사람과 의미를 읽는 일이에요. AI가 아무리 똑똑해져도, 세상을 움직이는 건 결국 기계를 다루는 기술이 아니라, 그 기술을 통해 세상을 이해하고 따뜻하게 바꾸려는 사람의 눈과 마음이에요.

AI가 결정해주는 세상에서
우리는 얼마나 자유로울 수 있을까요?

자유의 경제학

"진짜 자유란, 스스로 선택할 수 있는 능력에서 시작된다."

이 말은 20세기를 대표하는 경제학자 밀턴 프리드먼의 핵심 철학이에요. 그는 '자유를 위한 경제학자'로 불릴 만큼, 경제의 중심에 개인의 선택을 두었습니다. 사람이 스스로 선택할 수 있을 때, 사회는 더 창의적이고 생산적으로 발전한다고 믿었죠.

프리드먼은 시카고대학교에서 오랫동안 교수로 일하며, 자유시장 경제를 바탕으로 한 '신자유주의 경제학'을 발전시켰어요. 그의 대표 저서 『자본주의와 자유』는 경제학을 다루고 있지만, 인간이 어떻게 살아야 하는가를 묻는 철학서로도 볼 수 있습니다. 그는 "정부는 사람들의 삶에 지나치게 개입하지 말고, 사람들이 스스로 결정하고 책임지는 구조가 되어야 한다."라고 강조했어요. 프리드먼이 말하는 자유는

각자도생을 뜻하는 게 아니라 선택할 수 있는 권리와 그 결과에 대한 책임을 함께 지는 일이었어요.

그는 이렇게 말했죠.

"정부가 개인의 자유를 제한하면, 단기적으로는 편해 보이지만 장기적으로는 창의력을 죽인다."

프리드먼은 시장 스스로의 조정 능력을 믿었습니다. 그는 수많은 개인이 자신의 이익을 따라 자유롭게 선택하고 거래할 때, 정부의 간섭 없이도 시장이 자연스럽게 균형을 찾아간다고 보았어요.

그가 가장 경계한 것은 '강요된 선택'이에요. 그런데 오늘날 우리는 AI가 시장의 흐름을 계산하고, 데이터가 사람의 판단을 대신하는 세상을 살고 있어요. 그렇다면 프리드먼의 말은 여전히 유효할까요?

그는 아마 이렇게 대답했을 거예요.

"AI도 결국 인간의 도구일 뿐이다. 도구가 방향을 정하지는 않는다. 방향을 정하는 건 여전히 사람이다."

AI는 검색 비용을 줄여주기도 하고, 정보비대칭을 해결해주면서 우리의 경제 활동을 돕기도 합니다. 한층 합리적인 선택을 할 수 있도록

보조해주는 역할을 하죠. 하지만 한편으로는 알고리즘을 통해 우리의 소비 패턴을 분석해 또 다른 소비를 유도하기도 합니다. 이는 자연스럽게 소비 심리를 부추기는 효과를 낳기도 해요. 은연중에 개인의 선택이 간섭받게 되는 것입니다. 이에 덧붙여 정부나 대기업이 알고리즘을 통제하는 상황이 벌어진다면 어떻게 될까요? 이는 정부의 직접적인 개입과 마찬가지로 개인의 경제적 자유를 침범하는 일로 이어질 수 있습니다.

AI가 제시하는 수많은 선택지 중 무엇이 '진짜 가치 있는 일'인지 결정하는 건 인간의 몫이에요. 결국 경제의 중심은 기술이 아니라, 선택하고 책임지는 사람 자신이라는 걸 프리드먼은 일찍이 예견했던 셈이에요.

AI 시대에 프리드먼의 사상은 새로운 의미로 되살아나고 있어요. 그가 경고했던 '정부가 모든 걸 다 해주는 사회'의 위험성은, 오늘날 '기계가 모든 걸 다 해주는 세상'에도 똑같이 적용됩니다. 자동화가 인간의 일을 대신할수록, 우리는 스스로 판단하고 선택하는 능력을 더 키워야 합니다.

AI가 인간의 노동을 대체하더라도, 사람만이 가질 수 있는 자율성, 창의성, 도덕성은 대체할 수 없습니다. 그가 강조한 '자유의 경제학'은 결국 AI 시대 인간의 자존감을 지켜주는 경제학이에요.

밀턴 프리드먼(1912~2006)

밀턴 프리드먼은 미국의 경제학자로, 현대 자유시장경제 이론을 대표하는 인물이에요. 그는 정부의 과도한 개입이 경제를 왜곡한다고 보고, 시장 자율과 개인의 선택을 강조했습니다. 통화량 관리가 경제 안정의 핵심이라고 주장하며, 이를 통화주의 경제학으로 발전시켰죠. 이 관점에서 그는 정부의 역할은 최소한에 그쳐야 하며, 복지 확대보다는 시장의 경쟁과 개인의 선택을 존중하는 정책을 강조했어요. 프리드먼의 사상은 오늘날 신자유주의 경제정책의 이론적 토대로 평가받고 있습니다.